江　西　文　化　符　号　丛　书

江西文化符号

江西文化符号丛书

佛禅文化

FOCHAN WENHUA

赖功欧 / 著

江西美术出版社
江西人民出版社

江西·南昌

江西符号

出版前言

江西“物华天宝”“人杰地灵”“雄州雾列，俊采星驰”，是人文渊薮之地，文章节义之邦。

在历史的眷顾中，文明与智慧在这片古老而富饶的土地上激荡、交融、沉淀、升华，孕育了兼容并蓄、海纳百川、多元特质的江西文化，涌现出辉映史册的杰出人物，积淀了弥足珍贵的人文资源。在整个中华民族的文明史上，江西文化浓墨重彩、影响深远。宋明时期，全盛的江西文化更是成为中华民族文化的结晶和代表。新民主主义革命时期，江西是全国苏维埃运动的中心区域，成为中国革命胜利前进的伟大基地，红色文化璀璨辉煌。这些具有独特魅力的江西文化散发出馥郁的芬芳，蕴含着温润的力量，氤氲在历史的光阴中，汇聚在时代的大潮中，滋润着广袤的赣鄱大地，滋养着广大的江西儿女。

“文化是一个国家、一个民族的灵魂。”为了深入贯彻习近平新时代中国特色社会主义思想，特别是习近平总书记关于文化建设的重要论述，中共江西省委、省政府把文化强省作为重大战略，出台了《关于加快文化强省建设的实施意见》，明确提出到2025年，江西要建设成为在全国具有较大影响的文化强省。《江西文化符号丛书》的出版正是中共江西省委宣传部深入学习习近平新时代中国特色社会主义思想，贯彻落实党的二十大会议精神，推动文化强省建设的一项具体行动。

我们策划出版这套《江西文化符号丛书》的初衷，就是力图将江西符号与江西形象、文化自信和文化思考，一起熔冶进书中，通过底蕴深厚的文字与精美个性的画面，带领人们理解江西文化的内涵，感知江西文化的灵魂，借以给人们梳理出一个清晰的文化发展脉络，提供一个宽敞的文化游历空间，架构一座理解传统文化与先人智慧的桥梁，活化一种历史记忆和时代精神的生动传承。

《江西文化符号丛书》的出版是一项系统工程。丛书选取了相对立体的涵盖江西特色文化基本面的12种文化作为第一辑，已于2021年4月出版，即《红色文化》《山水文化》《陶瓷文化》《书院文化》《戏曲文化》《农耕文化》《商业文化》《中医药文化》8种特色文化，以及《临川文化》《庐陵文化》《豫章文化》《客家文化》4种地域文化。在此基础上我们又梳理出《青铜文化》《古村文化》

《科举文化》《理学文化》《佛禅文化》《道教文化》《书画文化》《赣菜文化》《茶文化》9种特色文化，以及《饶信文化》《袁州文化》《浔阳文化》3种地域文化，共12种，作为第二辑出版。这些都是在江西历史上经过时间检验，已经形成广泛影响，并在较大范围内获得公认的文化成就和文化现象，它们是一道光、一条路，引导人们向光而行，不断续写新的华章。

我们在编撰工作中紧紧围绕"正""专""新""特""精""美"来精耕细作。"正"，是指传播正能量，把好政治导向关；"专"，是指既要雅俗共赏、通俗易懂，又要体现学术层面的专业性和权威性；"新"，是指所选内容，不但要注重文化源远流长的历史和发展特征，更要延伸这种文化的美好前景及其在当下生生不息的生命力；"特"，是指文化内容一定要选取最有特质、最有代表性的符号来讲述；"精"，是指选材精、表述精、制作精，以打造精品图书的标准来组织实施；"美"，是指图文并茂，精美雅致，让读者沉浸在美景美物的故事和文化意境中，怦然心动，产生共鸣。

丛书的出版得到了领导和有关方面的高度重视和关心支持。中共江西省委常委、省委宣传部部长庄兆林同志对丛书的编撰亲自部署、具体指导。时任中共江西省委常委、省委宣传部部长施小琳同志，时任江西省人大常委会党组副书记、副主任朱虹同志，中共江西省委宣传部老领导刘上洋、姚亚平同志对丛书的编撰出版给予了悉心的指导。在丛书配图方面，江西省各设区市委宣传部以及江西画报社提供了有力的支持。在书稿审读过程中，中共江西省委党史研究室、江西省社会科学院、江西省文学艺术界联合会、江西省民族宗教事务局、江西省博物馆等众多单位以及南昌大学、江西师范大学等众多高校的专家学者提供了学术上的指导。丛书各册的作者克服了诸多困难，在相对较短的时间内，精心构建框架，广泛搜集资料，创新表达方式，倾情进行写作，为丛书的顺利出版付出了艰苦的努力、巨大的心力。丛书还参考了一些研究成果和图片资料，使用了省内部分摄影家的作品。在此，我们谨向所有支持、帮助过该丛书出版的领导、专家、学者致以衷心的感谢！

限于时间相对匆促，在编撰出版过程中，难免存在缺憾和不足，敬请广大读者批评指正！

丛书编委会

2023 年 1 月

目录

CONTENTS

第三章

近现代以来的江西净土宗

第四章

“一脉二支”的早期江西禅宗

第五章
“方圆默契”沩仰宗

第六章
“立处即真”临济宗

第七章

“五位君臣”曹洞宗

第八章

“截断众流”云门宗

第九章

“理事相资”法眼宗

第十章

近现代以来的江西禅宗

导言

地域文化是一个地区文明程度的表征与显现。江西这片神奇土地上的佛禅文化，渊源深而发展盛。中国佛教八大宗派的主要两派——净土宗、禅宗在这片土地上开宗立派，接续繁衍。早在东晋时期，净土宗便在庐山东林寺创立；其“念佛三昧”的法门修行，成为佛教中国化历程之先声。而唐代惠能之后南禅的“五家七宗”，在江西确立祖庭、广建丛林，蔚为大观；其凸显“教外别传”的禅修悟道方式，尤具佛教中国化色彩。

的确，从地域文化的视角看，要想整体地把握江西佛禅文化的脉络，应该上溯至庐山东林寺和赣鄱大地佛禅宗派早期历史。慧远创立的净土宗，其“信愿行法门”不仅与当时文人的精神追求有相应之处，与普通信众的精神追求亦能相应。慧远缔结莲社，诚祈净土，融禅观念佛与弥陀净土信奉于一体，对唐代以后的中国禅宗产生了深远影响。综言之，东晋时期发源于庐山东林寺的净土宗，正是在其发展过程中以念佛法门凝聚广大信众，才最终形成一种延至现代的净土文化。而庐山这座人文之山，也因文化巨人慧远建斋结社、率众行道，深深地烙上了佛禅文化色彩。当时精英多集匡庐，庐山从此成为佛教中国化的一个里程碑之地。

以“证悟法门”为根本特征的禅宗，对江西而言，则是更具地域色彩的佛禅文化。这一独具特色的文化资源，尤其是南禅的“五家七宗”，乃彰显赣鄱地域文化的佳例。禅宗初祖达摩所预言的“一花开五叶”，后来遍开于赣地的东南西北。印顺在《中国禅宗史——从印度禅到中华禅》序中如此说道：江西禅法之盛行，已跃居禅法主流。禅宗与江西的渊源，使赣地成为中国的禅宗圣地。唐代江西境内，已然道场林立、名僧云集。沩仰之“仰”，即来自宜春的仰山，而沩仰宗由沩山灵祐与仰山慧寂共同创立。临济祖庭在今之宜丰黄檗，临济宗虽由义玄创自河北镇州（今正定）临济院，然其受法于黄檗希运。义玄为接续希运所倡禅法而在临济院举扬黄檗宗风，方成为临济祖师。曹洞宗则创立于宜丰洞山与宜黄曹山，是由洞山良价与曹山本寂师徒俩共同开创的。云门宗由文偃创自广东韶关云门山，而在江西发扬光大。法眼宗则源于文益在江西临川崇寿禅院的创立，其后又发祥于南京清凉山。义玄之后临济分叉，一支为方会新创的杨岐派，位于萍乡市；另一支为黄龙派，祖庭在九江修水，慧南为其宗师。在赣地开宗立派的宗师，如青原行思、道吾宗智、云岩昙晟、黄龙慧南、杨岐方会等，原就生长并弘法于此；马祖道一、百丈怀海、沩山灵祐、黄檗希运、洞山良价、仰山慧寂、法眼文益等宗师，其虽未降生赣地，却视赣地为禅宗宝地而开宗立派于斯。作为禅宗圣地，江西的确为南禅孕育繁衍提供了沃土。值得一提的是，“马祖建丛林”“百丈立清规”“虚云祧五宗”等禅史上的重大事件均发生于江西，使其成为禅宗“五家七宗”的共同发源地和发祥地。禅宗重要文献《宝林传》的问世，给予马祖所创洪州宗及其门下所立“五家七宗”以有力支撑。虽然，沩仰、云门、法眼三宗于宋代相继失传，然而临济宗、曹洞宗却绵延不绝，流传海外。临济宗风之盛，曾有过“临天下”之称。曹洞之势虽未及临济强盛，然其繁衍却深细无比，明清之际出现的“曹洞中兴”，其影响又扩至闽、粤。当历史进入现代，赣地还孕育出像虚云这般以一人承接临济、曹洞等五宗法脉的高僧大德。当代江西的一诚，则接续了虚云法脉，将农禅法门弘传并融贯于江西禅宗文化的历史中，使佛教中国化的根基深扎于这片土地上。

在江西历史文化中，两大佛教宗派紧密关联，在赣地上绵延传承得如此久远、如此深刻，同时以文化的种种方式演绎发展。显然，其发展过程中宗教中国化特征，起了至关重要的作用。

第一章 庐山慧远与江西净土宗

LUSHAN HUIYUAN
YU JIANGXI JINGTUZONG

佛禅文化，是江西传统文化中的重要组成；佛教中的两大宗派——净土宗、禅宗与江西结缘甚深甚厚。相较而言，净土宗与江西结缘的时间更早。东晋太元九年（384），当江州刺史桓伊接受慧永提议而为慧远建寺伊始，庐山便成为中国佛教净土宗的发源地，而东林寺亦理所当然地被视作净土宗祖庭。开创者慧远，则被称为“净土宗初祖慧远”。慧远在庐山东林寺的开宗之举，已成为佛教中国化历程中迈开的一大步。

一、启建莲社，净土立宗

慧远（334—416），本姓贾，出生于雁门楼烦（今山西宁武附近）。他的一生，大致与东晋一代相始终。慧远能成为继道安之后的中国佛教泰斗，当然与他在庐山启建莲社、倡导“念佛法门”密不可分。

慧远资质聪颖，13 岁起随舅父游学洛阳、许昌等地。在中原文化的熏陶下，他“博综六经，尤善老庄”。但他 21 岁游恒山时一次聆听道安法师讲《般若经》后，感叹道：“儒道九流，皆糠秕耳。”从此，他跟随道安修行。

道安（312—385）是名震朝野的佛图澄的弟子，系当时的僧团宗匠。其时，京城流传一种说法：学佛如不以道安为师，便难以学到深奥佛理。道安法师以献身佛学之精神，进一步推动了佛典诠释与译经事业。他穷览经典，钩深致远，将各种零散的佛经编撰成《经录》，并做大量注疏。自此，众经有据，学佛有方。文理精通的道安，自然成为中国历史上逐句解经、详究佛理的第一人。但可惜的是，他所编撰的中国佛经目录与注疏大多没有被保留下来。东晋名士习凿齿曾在致谢安的书信中，赞叹道安斋讲不倦，师徒数百，从不以“变化伎术”惑人耳目。

道安的确是以其“非凡气度”感化了对佛理颇有兴趣的年轻儒生慧远，就在感化的那一刻，年轻儒生与他的胞弟一起依止道安，披剃出家，兄弟俩法名分别为慧远和慧持。道安当时就觉察出慧远的天才秉赋，所以对这位弟子赞赏有加：“使道流东国，其在远乎！”意为：在中国传播佛理之使命，就寄托在你慧远身上了！

不久，24 岁的慧远便在道安门下独立开讲，以其深厚学养，援引庄子义理，采用“格义”之法诠释佛理，接引广大俗众。据说“格义”一法为道安同学竺法雅所创。所谓“格义”，即以中国本土的道家、儒家观念与术语去解释源自古印度的佛理。道安总觉此法为附会之法，“于义多违”，不许弟子运用。然而由于慧远独特而到位之诠释，譬喻生动，听众晓然。道安故特许慧远引用佛典之外的文献来比附诠解。无疑，这成就了慧远融合儒释道之思想先声。

之后中原战乱不休，道安不得不分遣徒众。慧远与师兄同在分遣之列。慧永受师命南下，约于东晋太和二年（367）至庐山，光禄卿浔阳陶范为其建寺——西林寺。慧远则随师辗转至襄阳安居。十多年后，襄阳又开始陷于前秦与东晋争斗的漩涡之中，道安受前秦国主苻坚的诱迫北返长安，而慧远则流连于襄阳、荆州一带。

东晋太元六年（381）后慧远所率弟子数十人，原拟直下罗浮山，然而至浔阳（今江西九江），见庐山清静秀丽，觉此为大好禅修之地，又受慧永挽留便决意长居此地。慧远当时写下了最早描绘庐山风光的散文佳作《庐山记》。特感于东林一带的清静深幽，慧远又续写出富有灵气的诗作《庐山东林杂诗》：

崇岩吐清气，幽岫栖神迹。
希声奏群籁，响出山溜滴。
有客独冥游，径然忘所适。
挥手抚云门，灵关安足辟。
流心叩玄扃，感至理弗隔。

庐山五老峰云海

孰是腾九霄，不奋冲天翮。
妙同趣自均，一悟超三益。

庐山东林一带的清幽“希声”，与慧远虚静玄远之怀抱相对应。江州刺史桓伊，得知慧远至此，便发愿为其建

雄寶殿
土
東林寺

庐山东林寺

造东林寺，加上慧永也在桓伊耳边不断鼓动，很快得以办成此事。慧远至庐山后，至少在慧永的西林寺驻足四五年之久。慧永深感以慧远佛学造诣之深、人格魅力之大，当另造一寺而为一宗之主。东晋太元十一年（386），桓伊为慧远建造的东林寺，已然矗立。

慧远初抵庐山寻址建庙的过程中，流传过几个神话般的传说故事。这里仅述其一：工程一启动，首先面临着木材的缺乏，慧远本人为此很是犯愁。一日，半夜时分忽有山神入梦，告知慧远，此处幽静，足以栖身，不必再寻他处。顿时梦醒，只见风雨交加，电闪雷鸣，而殿前水池，突涌木材。及至天明，众

庐山东林寺“出木池”

庐山西林寺

僧已然发现池中满是木材，而且是上等木材。桓伊见此大为惊喜，立刻催促工友加快筑寺速度，结果，很短时间内寺即建成。只见那大殿雄伟，构筑精美，众人欢喜无比。之后，那涌出木材的水池，被称为“出木池”；而那座殿，则被称为“神运殿”。此故事颇具神话色彩，难以稽实，然而，“神僧”慧远之名，从此众口相传。

慧远于此驻锡宣法，足足 30 年。庐山脚下这方土地，成为他“影不出山，迹不入俗”之见证。其后又传出了“慧远送客不过虎溪”之说。后连诗仙李白也对慧远“虎溪”的“送客”规矩颇为向往，他在《别东林寺僧》一诗中如

《虎溪三笑图》佚名 / 南宋（台北故宫博物院藏）

此写道："东林送客处，月出白猿啼。笑别庐山远，何烦过虎溪。"而诸多名人如石恪绘的《三笑图》、苏东坡为此撰《三笑图书后》、黄庭坚则写有《三笑图赞》，这些合成了著名的《三笑碑》，虽将刘宋道士陆修静列入其中，有夸张攀附之嫌，但在整体上形成了一道经典的东林寺儒释道文化风景线。

那时，中国北方的佛教中心为古都长安，庐山东林寺在慧远弘道下成为中国南方的佛教中心。

当时，中国的净土宗主要分为两派，一是弥勒净土，二是弥陀净土。慧远为弥陀净土的首倡者，并启建莲社，从此在他的倡导下，弥陀净土有广大信众。

启建莲社，有诸多因缘。据佛陀跋陀罗所译的《观佛三昧海经》，"佛影"的传说故事发生在佛陀时代北天竺那竭呵城。佛陀曾于该城石窟中感化毒龙王眷属，龙王感激至诚，劝请佛陀留下。佛陀遂作十八变，跃身于石壁，犹如明镜。佛陀隐身在石壁内，影像复映于壁面。距十余步远望石壁，

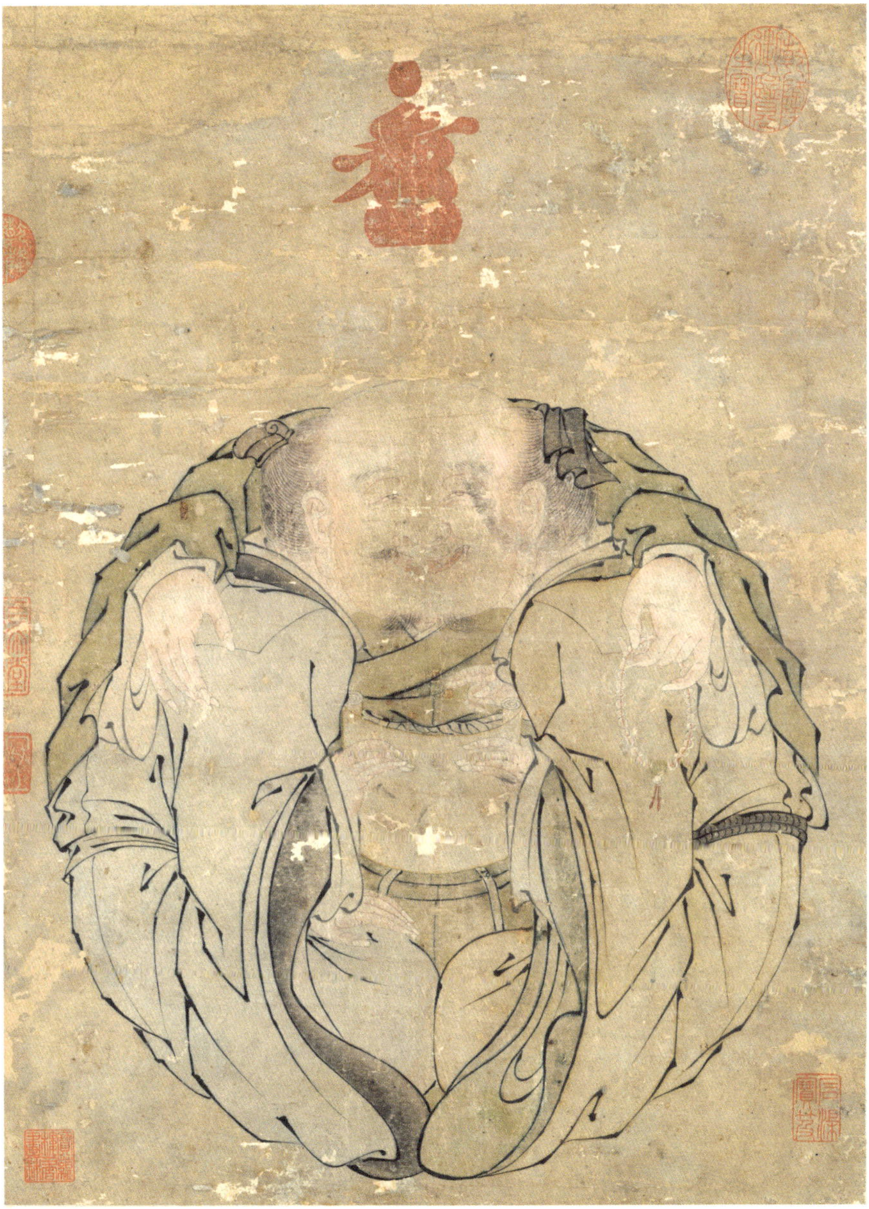

《一团和气图》朱见深 / 明代（故宫博物院藏）
（此图粗看似一笑面弥勒盘腿而坐，细看却是三人合一。作品构思绝妙，人物造型诙谐，用图的形式表达了“三教合一”的思想）

庐山东林寺慧远铜像

佛像清晰，光明炳然，如同真形。近观，佛像则冥然不见，以手触摸，更无感觉。这一传说故事随着往来于天竺与中土的僧人而广泛流传。于是，他要亲自来描绘“佛影”。东晋义熙八年（412），他在庐山建立“佛影台”并撰写了《万佛影铭》。《高僧传》卷六《释慧远传》记载了慧远观想“天竺佛影”而“叙其光相，远乃背山临流，营筑龛室，妙算画工……若隐而显”之场景。

早在慧远来庐山前的襄阳时期，师父道安铸丈六金佛像，慧远就参与其中，并受师命写下《晋襄阳丈六金像颂并序》。在这次亲建佛影台中，慧远撰就《万佛影铭序》，一气呵成地写下了五篇铭文：其一有“体神入化，落影离形”之句；其二有“感

庐山东林寺三笑亭

彻乃应，扣诚发响”之句；其三有“三光掩晖，万像一色”之句；其四有“迹以像真，理深其趣”之句；其五有“铭之图之，曷营曷求”之句。后来莲社启建及其种种活动，都与此相呼应。

《高僧传》卷六中记载了净土宗创宗的日子：东晋元兴元年（402）九月十一日。刘遗民撰发愿文曰：“法师释慧远，贞感幽奥，霜怀特发。乃延命同志息心贞信之士，百有二十三人，集于庐山之阴，般若云台精舍，阿弥陀像前，率以香花敬荐而誓焉。”此次庐山之会，后于中唐演绎为“十八高贤”成立白莲社之创举。这“十八高贤”中除慧远外，另十七位是：慧永、慧持、佛陀跋陀罗、佛陀耶舍、道生、昙顺、慧睿、道敬、昙桓、道炳、昙诜、刘遗民、雷次宗、周续之、宗炳、张诠、张野。

历史上的“白莲社”或“莲社”，将“莲宗”二字定格在净土宗这一佛教宗派的称呼中。此即中国净土宗开宗立派之标志，而那个发愿的仪式，作为“莲宗”成立之表征，自然成为中国早期佛教的一块重要里程碑。

莲花，出淤泥而不染，是至净至洁之最佳表征。对应于佛教，其华叶开敷，果在其中，因果同时，妙德难思之境界，正合于净土宗信仰。民间称净土宗为“莲宗”，称其盟者为莲友。其实，有关西方净土的信仰在印度流行甚早，但其能在庐山僧团中形成集体信念，同时为上层士大夫所信奉，实与慧远相关。当然，在深层次上，还有着思想文化浸染的缘由。净土宗经典文献是《无量寿经》《阿弥陀经》《般舟三昧经》《念佛三昧经》等，是阿弥陀净土修行方法的信仰依据。其早在汉末就陆续被翻译过来，而相应的西方净土信仰也一直在流播。但其最终被文人、知识阶层所接受，显然与当时战祸连绵、民生凋敝、人民向往安定生活环境相关。

应慧远之请，刘遗民领命撰写了《发愿文》，慧远的“三报论”是该文的楔子。全篇仅 434 字，言简意赅地表达了借莲花以明志，期生西方净土之意愿。知识僧侣与文人名士们共同结成这一团体，被称为“浔阳三隐”的陶渊明、刘遗民、周续之，后二人即为莲社高贤。陶渊明每与慧远吟咏唱和，还留下了“虎溪三笑”的美丽传说。但他并不同意慧远的部分观念，还因此写下《形》《影》《神》三首诗来表明自己的观点。然而他们相互间是如此珍惜，以致成为一世好友。从莲社高贤的交往中，实可透见中国早期儒释道合一之先兆。

莲社与佛像台之启建，开创了东林寺“念佛三昧”的禅修之道。慧远的莲社时期，其修行方法是“念佛三昧”，但其与后来的“持名念佛”有所区别。其结社之举，乃为莲社成员秉承佛陀教导，以共同信仰而做出的弘法首创。而作为净土宗滥觞，也为后来禅宗各派的禅修留下根基。此前，中土佛教有学派之分，而无师承道统的宗派之别。慧远的东林寺结社，成为佛教组织发展史上的重大事件。

庐山东林寺净土苑莲花

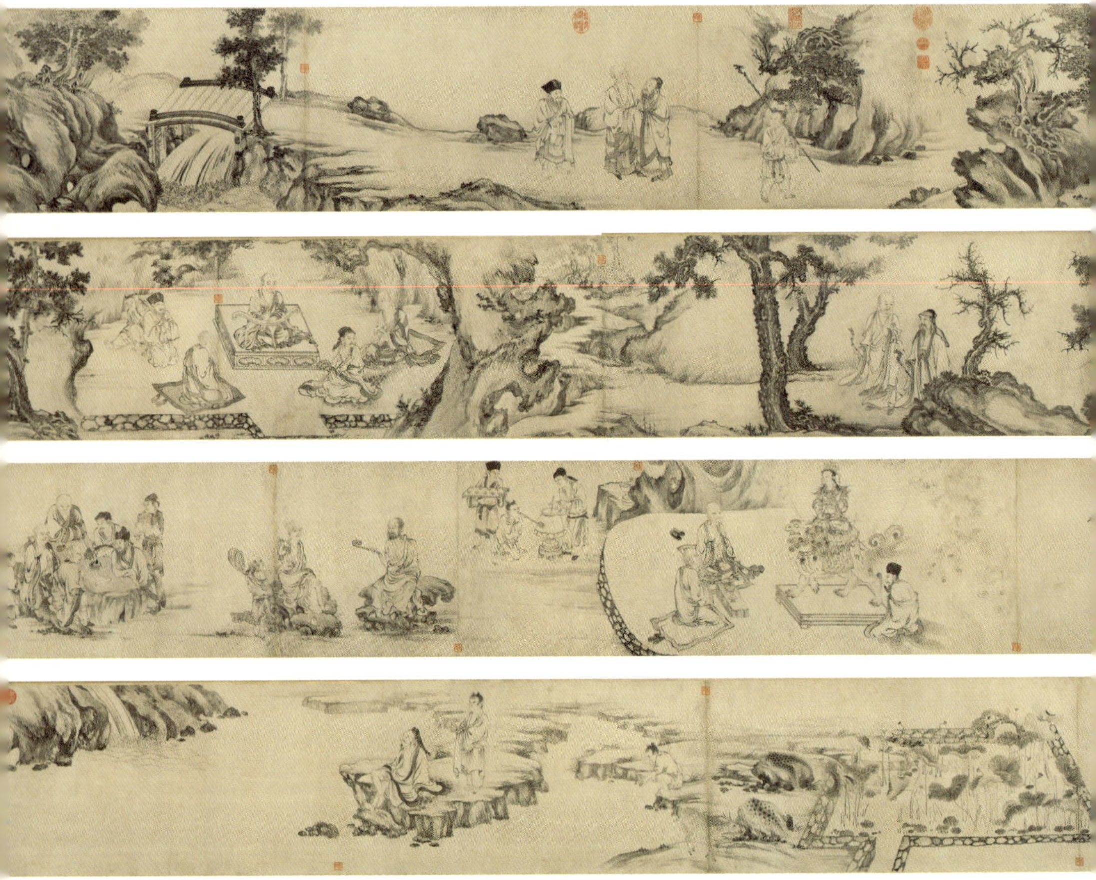

《白莲社图卷》张激 / 北宋（辽宁省博物馆藏）

宗风流布，延及禅宗。由此可以看到，慧远其人，绝非循规蹈矩、墨守成规的一般僧人。慧远开宗伊始即成其大局——首倡弥陀净土而念佛为本，启建“莲社”而结伴同行，普度大众而往生极乐。

大安在《净土宗教程》中对慧远结白莲社的界定是：揭开净土宗念佛法门全面实质性弘传于中国的序幕。“揭开序幕”四字，表征庐山东林寺莲社的启建，标志着中国佛教净土宗宗派的正式创建，表明了净土宗在中国落地生根。

二、翻译经典，凝聚僧团

慧远其时，恰遇一个佛教译经旺盛的年代，而慧远自己，也构建出一个译经事业的上好平台。其时，他所遭遇的最为重要的人物是居于长安的西域高僧鸠摩罗什。

当时的慧远，精进念佛，对禅修的要求近于严苛。然而，尽管慧远对禅法兴趣极浓，但受当时的种种条件所限，律藏残缺而禅法无闻，以致慧远不得不经常派遣一些弟子西行取经，甚至设法将活动于北方的一些西域高僧如佛陀耶舍、僧伽提婆、佛陀跋陀罗等请上庐山。而不能请来庐山的，他也常致信通好。

当时的慧远确实因佛经匮乏而无所适从，这意味着起步比较艰难。然而当得到长安鸠摩罗什译经信息时，他就备感鼓舞，每每就某一概念重译与鸠摩罗什书信往来探究，当深感到位而又有所领悟时，慧远便充满了喜悦之情：“远

甘肃鸠摩罗什寺

公致书鸠摩罗什，十有余年。”“长安、庐山声气相通。”好一个长安、庐山声气相通！没有两人这种心心相印的沟通，何来佛教译经事业的顺畅？可见，东晋时期中土佛学的兴起，鸠摩罗什、慧远在译经事业上的重要贡献，确为其中的一个重要环节与组成部分。前者是翻译，后者是参与、组织、修正并引导翻译，从而在此基础上进行尝试性的理论建树。前者为后者做出了重要铺垫，故史称“北有鸠摩罗什，南有慧远”。鸠摩罗什乃大乘龙象，时人闻其名如雷贯耳。然而他在见到慧远所著《法性论》后，亦击节赞赏，感叹连连，称其妙哉！如此看来，《高僧传》对慧远做极高评价也就丝毫不奇怪：“葱外妙典，关中胜说，所以来集兹土者，远之力也。”

对此，两人在译经过程中有一段交往：一次，慧远听人言鸠摩罗什欲返本国，慧远立即作书，鼓励劝勉，并问及数十条相关译经事，请为批释。鸠摩罗什一一作答，现存18章，即佛典《大乘大义章》。其实，在译经过程中，慧远如此动辄“问数十条事”，是常态而非偶然，甚至，他对鸠摩罗什所译个别概念，还时有质疑、批评或商讨、建议。如慧远在对“般舟三昧”未作定论之前，就常与鸠摩罗什书信商讨。一次，恰获

鸠摩罗什雕像

鸠摩罗什所译《大品智论》，引发慧远质疑，慧远立即“与什及其门下通音问”。更有甚者，慧远有一次还批评过鸠摩罗什，言其“传译失旨”。十分难得的是，两人之间那种批评与反批评，也为常态。如慧远陈述自己对鸠摩罗什初译的《大智度论》与《大品般若经》的不同理解，并向鸠摩罗什一一讨教时，鸠摩罗什就直指慧远对佛的经典说法过于死执，而未能透入“法无定相”之理域。如“菩萨住寿”之说，按鸠摩罗什主空之学，就与慧远“法身”理念相抵牾。“住寿”这一概念，通俗说，即长住于世之意。显然，这对儒释道兼通的慧远来说，是再自然不过的念想：慧远关心佛法中可否有住寿之修行功夫存在。对此，鸠摩罗什作答：佛法并不追求住寿。

作为中国佛教史上地位、影响都与玄奘并列的佛经翻译家，鸠摩罗什的翻译被人称为“质正之准则”。僧睿在《大品经序》中评价他：“扇龙树之遗风，振慧响于此世。”可见鸠摩罗什与大乘空宗之甚深关系。鸠摩罗什所传正是龙树一系，而其由般若思想来理解“性空”及其中道之论，则不仅成就了鸠摩罗什之学，更使鸠摩罗什之学成为印度佛学契合于中国文化的一个思想中介。鸠摩罗什弟子三千，僧肇、僧睿、道融、道生、慧观等人是其中俊杰。重要的是，在译经中出现的种种思想碰撞，对慧远而言，那都是一种难以言表的心灵震撼。慧远的“禅智论”，就是逐步吸取译经中鸠摩罗什空观思想而丰富完成的。可以说，鸠摩罗什对慧远的深刻影响，尤其是在通过“译经”这一特殊时代的学术互动及其学术辩难而传导给慧远的，而慧远思想也恰恰是在这一“译经”时代得到定型的。在汲取这一时代佛典思想特别是消化鸠摩罗什的思想精华中，慧远也成功构建起他的法身——神明观。无论如何，慧远在极其重视禅修前提下对般若智的高度关注，成就了他在印度佛学于中土传播乃至转换过程中，以“禅”“智”二者关联而做出的独特贡献。

当东林寺建成，慧远立即在其中置一般若台，专门从事翻译中国当时所存佛教经典。从发掘、整理佛教文献直至翻译，东林寺译场先后译出几百卷佛教经典，慧远自然成为其时中国翻译史上私立译场的第一人。这是与道安时代国家组织翻译的一大不同之处。而引进、翻译佛典，须与各方名僧大德认真切磋佛理，且须以中国传统的儒、道经典会通佛理，从而最大程度地求取佛教义理的中国化。这实际上也是一个艰苦的诠释过程。慧远在这一过程中，先后派出弟子法净、法领等人西行取经，继而设立般若台译场承担这一译经事业。自然，他极其恭敬地礼敬了佛若多罗、鸠摩罗什、佛陀跋陀罗等梵僧。须知，其时慧远最为看重的佛教经典即为《十诵律》，该文献是和尚修行的律仪制度与规则，故其特地致书祈请并力促昙摩流支译出《十诵律》。与此同时，他又礼请佛陀跋陀罗翻译《修行方便禅经》并为之作序，从而使这一禅法迅速流行于江南。

东晋太元十六年（391），僧伽提婆来庐山，慧远即请他重译《阿毗昙心论》和《四阿含暮抄解》。僧伽提婆边翻译边讲解，让大家能有所领会。史载，领会最深者为慧远。慧远究竟从中“领会”了什么呢？从《阿毗昙心论》中的“界品”第二颂所说“若知诸法相，正觉开慧眼”，可以了解到，慧远对“把握法相，就能发生智慧”的《阿毗昙心论》之根本精神，是深有领会的。慧远深受新译的影响，特撰写出《法性论》以展开自己的观念。由于慧远的极力张扬，《阿毗昙心论》在当时南方就很是流行。此外，对师父道安在关中组织翻译的《四阿含暮抄解》，慧远请僧伽提婆重译后，又将其改名为《三法度论》。

当佛陀跋陀罗（又称觉贤）于东晋义熙六年（410）带着几十个弟子来到庐山时，慧远甚至迫不及待地请佛陀跋陀罗立即翻译一部小乘禅法的经典。译出后，慧远立即作序，此序成为庐山禅修之

庐山东林寺佛陀跋陀罗像

心要，对后来的禅宗也产生了影响。佛陀跋陀罗为北天竺迦毗罗卫国（今尼泊尔境内）人，是甘露饭王之后裔。这位以精通禅律驰名的尊者，在东晋义熙四年（408）来到长安，并没有受到当地僧众的欢迎。但是，慧远独具慧眼，看好这位尊者，故遣弟子昙邕入关去替他们和解。而此时觉贤亦不愿居北方，便直接南下投奔慧远。慧远立即邀他加入莲社，使其成为译经队伍中的一员。自此，莲社更是与译经事业紧密关联。不出所料，佛陀跋陀罗所译经典，让慧远大为满意。其后，佛陀跋陀罗还在其他道场翻译过《华严经》（晋译六十卷）、《僧祇律》等佛教经典 13 种，共 125 卷。佛陀跋陀罗的译经，为大乘瑜伽学说东传开了先河。而译经事业，也让慧远与佛陀跋陀罗结下了很深的情义。佛陀跋陀罗不忘慧远之恩，遗嘱圆寂后葬于东林寺。佛陀跋陀罗成为历史上第一位葬在庐山的外国僧人。

慧远的庐山僧团，不仅是在其建

斋立誓中成立起来的，更是在其译经传法过程中壮大的。慧远僧团的成功运作，首先便是译经活动。在这一活动中，慧远广泛招揽国内外优秀僧人，凝聚了一批名士、隐者。这些深具净土信仰的大德名士，欣然聚集于此，常做交流讨论，是一道蔚为大观的译经风景线。从此慧远僧团及众居士，开始有了禅修念佛的理论依据，更有了佛教戒律的保障。

译经时代，加上译经平台，形成巨大的磁场了：有牵引者，有被牵引者；有来自国外的，有来自关中的；有直接的商讨，有书信的往来；有不断的质疑，有反复的重译。如此磁场，自成僧团。此刻的庐山慧远僧团，竟然使天竺僧侣望风遥仰——“东向稽首，献心庐岳”。这是中国佛教史上出现的第一个最为齐整的僧团，这一僧团倚仗新译经典和慧远，在中国佛教史上耸立出一座丰碑，成了佛教中国化的前阶。

庐山东林寺觉贤塔园

庐山东林寺内石雕——西来

庐山东林寺内石雕——入社

庐山东林寺内石雕——译经

庐山东林寺内石雕——西逝

三、念佛法门，大兴门庭

启建莲社与译经事业，共同促成了庐山东林寺的念佛法门。

事实上，慧远的最初追随者刘遗民，就在这一僧团中，率领一批弟子忠实地践行了慧远的这种“念佛法门”，将禅修与阿弥陀佛信仰完美统一起来。

慧远庐山僧团的修行实践，对开创东晋时期净土宗的重要意义，实质上就体现在融禅定和弥陀净土信仰为一体。值得一提的是，庐山僧团在慧远的引领下培养出一批弟子：慧观、法净、慧宝、法安、道流、道恒、慧要、法庄、法领、法幽、道授、道温、道静等，他们中的很多人成为弘化一方的佛教高僧，推动佛教中国化的深入开展。慧远所吸引的那批名士，如南阳宗炳、张季硕，豫章雷次宗，彭城刘遗民，雁门周续之，新蔡毕颖之等，也紧紧围绕在慧远佛教僧团的周围。宗炳这样学富五车的人物，常入庐山与慧远一道考寻文义。周续之闲居读《老子》《周易》，也愿入庐山事沙门慧远。笃志好学，尤明《三礼》《毛诗》的儒者雷次宗，年少即入庐山，依慧远学佛。当时的庐山东林寺成为很多文人的向往之处。

慧远的“念佛法门”，还发明出一种“唱导”的新方法。它对念佛者有更高的要求，即强调“声、辩、才、博”。随着慧远地位的确立，僧众与居士、文人日渐增多。慧远与他的“念佛法门”广传中土，这使东林寺门庭大兴，迅速成为全国的佛教中心。东林寺的“念佛法门”，最终造就了中国佛教的“净土宗文化”。

庐山僧团“定中念佛、定中见佛”的禅修理论即是《般舟三昧经》中所开示的“般舟三昧”。而所谓般舟三昧，正是随般若学而发展起来的大乘禅法之一种。慧远作《庐山出〈修行方便禅经〉统序》的深意，就在将“禅定”与“般若智”相对应。“禅”即是“寂”，般若智则是直观的“照”，无须推论便能直接体认佛法真理。其殊胜之处还在借助达到极致的“禅寂”，扩展“智照”的视域。总之，无禅不智，无智不禅。这当然是慧远“念佛法门”具备禅慧并重特点的根本所在，也是后来“禅净双修”之滥觞。大安在《净土宗教程》中曾总结说：慧远推重禅智的理念，运用在他的念佛行持中，形成“禅观念佛”的特色。已佚失的慧远《法性论》保留了名言“至极以不变为性，得性以体极为宗。”

早于道安、慧远师徒的东汉牟子在其《理惑论》中就深信：“魂神固不灭矣，但身自朽烂耳。”这大概是中国佛教文献中最早出现的且加以理论解说的“形尽神存”说，不可能不影响到道安、慧远师徒。道安在襄阳时就与其弟子僧辅、法遇、昙戒等八人，立誓愿生兜率天，信弥勒净土。此后，慧远又与弟子123人，于庐山东林精舍阿弥陀佛像前，建斋立誓，期望达至极乐世界。可见，师徒同然。

东林莲社的“念佛法门”，正是中国历代结社念佛的开始。这一法门融禅定、智慧和弥陀净土信仰为一体，方便简易，扩大了信众群体，并最终在庐山这一人文圣山稳固地树立了佛教一宗——净土宗。

第二章　后慧远时代的江西净土宗

HOU HUIYUAN SHIDAI
DE JIANGXI JINGTUZONG

唐

莲社启建，代有传人；接续传承，穿越千年。慧远僧团，更逐渐形成佛、道、儒调和之意识，在文化上影响深远。从慧远时代至后慧远时代，从东晋至 20 世纪初，净土宗共经历了 13 位祖师。

一、十三祖师，承传接续

看

听

考察净土宗十三祖思想，有必要了解汉末安世高与庐山的那段渊源。安世高其人与净土宗并无直接关系，但安世高为庐山佛教、更为慧远开创的净土宗埋下了伏笔。

安世高（约 2 世纪），是东汉后期著名的佛教翻译家，他出家前是安息国（亚洲西部的古国）的太子。安世高于汉桓帝在位年间来到中国，曾在中原地区有过约 20 年的弘法译经经历。他还游历过江西、浙江、广东等地，其间有不少关于他的传说故事。重要的是，他在庐山传播佛教的这段历史被记载在僧祐的《出三藏记集》中。汉灵帝末年，中原战乱，安世高便直下江南。行前他曾对人宣示：要到庐山去超度往昔的一位已堕落为蛇身的同学。安世高首先来到了庐山附近的宫亭湖庙。僧祐《出三藏记集》是这样记载的："今寻阳郡蛇村，是其处也。"安世高继又到广州、会稽等地传播佛教思想，江南一带有不少人因此接受了他的佛教因果报应观。作为在中国南方传教的第一位异域僧人，他为庐山佛教留下了厚重的文化遗产，以致慧远在庐山与众僧游山息心后所作的《庐山记》，也念念不忘要给安世高留下浓墨重彩的一笔。此中可见安世高之与东林寺净土宗的关联。

净土宗从慧远始，至印光止，共有13位祖师。事实上，净土宗历代祖师并无前后传承法统，而是后人据其对净土宗弘扬的贡献推举而出。印光所撰《莲宗十二祖赞》，即以慧远、善导、承远、法照、少康、延寿、省常、袾宏、智旭、行策、省庵、彻悟依次为莲宗十二祖。而后，印光则被其门下推为第十三祖。按年代顺序，可依次排列如下：

初祖庐山慧远——二祖光明善导——三祖般舟承远——四祖竹林法照——五祖乌龙少康——六祖永明延寿——七祖昭庆省常——八祖云栖袾宏——九祖灵峰智旭——十祖普仁行策——十一祖梵天省庵——十二祖资福彻悟——十三祖灵岩印光

“净土宗十三祖”的排定，是经宋、元、明、清至20世纪初多代僧人推选形成的。事实上，立祖一事始于宋代，南宋宗晓法师先立莲社六祖。宗晓以慧远为莲社始祖，而以善导、法照、少康、省常、宗赜五人继之。其云：“莲社之立，既以庐山远公为始祖……仰体佛慈，大启度门，异世同辙，皆众良导。”稍后，志磐的《佛祖统记》在宗晓排名基础上，删宗赜而增承远和永明延寿两人，此后的佛教文献即依志磐所定。宗晓、志磐旨在为净土法门立一师法楷模，而并未有立宗之念想。元朝东林普度撰《莲宗宝鉴》与《庐山复教集》称“白莲宗”，撰“白莲忏法”并倡念佛大旨，之后，“净土宗”称谓始得通行。至清朝中叶方有“莲社七祖”与“净土宗”二名相提并论者，后又增明代莲池为八祖。清道光年间悟开荐智旭、省庵、彻悟分别为九祖、十祖、十一祖。而印光则改荐行策为十祖，更推省庵、彻悟两位分别为十一祖、十二祖。至此，净土宗前十二祖，是由印光据前所列而最终把定确立的。

印光圆寂后，被四众弟子推举为十三祖。如此，净土宗十三祖谱系终而圆成。

之所以将慧远之后的祖师逐一列出，不仅因为中国净土宗思想源流在此，更因其与慧远的基本理念有种种内在关联。

作为第一代祖师，慧远建宗立业的过程前已述及，此处不再赘述。

二祖善导（613—681），作为隋末唐初之高僧，曾阅《观无量寿佛经》而欣慕西方极乐世界。他接续昙鸾、道绰的净土观念，倡导“他力本愿”的思想，

庐山东林寺白莲社

强调“弥陀本誓愿，极乐之要门”，凭借阿弥陀佛之本誓愿力往生极乐世界。善导为隋唐之际的净土宗文化弘扬与传播，奠定了较完备的内涵丰富而外延确定的信仰体系。其“称名念佛”的修持方式，亦被信众普遍奉行。《净土宗教程》中对善导的高度评价，很能说明善导的佛学地位。隋唐之际一句“阿弥陀佛”能成为中国佛教之表征，得力于善导。

三祖承远（712—802），虽未有著作传世，然从其服膺三藏教旨、专修般舟三昧的行门看，承远还是接续了慧远的念佛三昧思想，并以慧远坚持律仪主张来实践自己的戒行。

四祖法照（747—821），与庐山渊源甚深，曾仰慕慧远而入庐山专心念佛三昧。法照曾断言：念佛三昧才是真正无上深妙禅，并据此而创发出“五会念佛”之方法论。其以《无量寿经》原典为依据，创出“平声缓念”“平上声缓念”“非缓非急念”“渐急念”“四字转急念”的五会念佛法。

五祖少康（？—805），亦未有著作

净土宗初祖庐山东林慧远

庐山东林寺慧远祖师殿

传世。其最明显的特征在其对善导的如出一辙的接续上，其修行弘法，直以善导之净土观为圭臬。

六祖延寿（904—975），他既是净土宗六祖，同时是宋代禅门法眼宗的三祖，有《宗镜录》百卷传世。永明延寿是个富有创造力而能融通各宗的人物，倡导“禅净双修”和以“灵明妙心为万法本源”“西方净土为最终归宿”的思想取向。其“有禅有净土，犹如戴角虎”，成为佛门的一大流行语。

七祖省常（959—1020），也无著述传世。因其仰慕庐山白莲社遗风而于西湖边建白莲社。后易名为“净行社”，则是据于《华严经·净行品》之深意。

八祖袾宏（1535—1615），与紫柏、憨山、蕅益并称为“明代四大高僧”。莲池以重振净土宗风为己任，倡导“一心念佛”之修持方法。一生痛斥狂禅，在根本理念上深信禅净二者殊途同归。故其在信仰取向上力阐禅净兼修而以净土为归。

九祖智旭（1599—1655），少习儒学，以卫道为己任，思想、著述都极为宏富，有著作40余种问世。曾深究《首楞严经》，质疑虚空和世界生发诸问题，又彻悟性相二宗本无内在矛盾。后极力倡导禅、教、律三学一源之说，其《示世闻》指出："禅、教、律三，同条共贯。"并据此而确立念佛为圆顿心宗，终以净土为归，在净土宗历史上可谓深谙学理。

十祖行策（1628—1682），有传世之作《净土警语》。其研习过天台止观，修习法华三昧终而专修净土。

十一祖省庵（1686—1734），出生于世代习儒之书香之家，早有出尘之志。其研习唯识、楞严，于天台止观，性相之学，俱能通贯。在思想上视菩提心为修成净业之前提条件，强调"立愿居先"的修持心要。曾指斥狂禅不肯自修、不断惑业而终致散失。

十二祖彻悟（1741—1810），曾遍习楞严、法华、金刚、唯识、圆觉等性相之学。于学理上，他颇得要旨而深明向上事，故能专弘念佛法门而归心净土。他也倡禅净双修之道而摄禅归净。彻悟极为强调愿力之重要，以"真为生死，发菩提心，以深信愿，持佛名号"16字，为净土宗纲领，并以其为净业修持之轨则。

十三祖印光（1861—1940），少治儒学，以接续儒圣为己任。曾有过辟佛之议，后"省悟"而转研佛典，潜修净业。作为中国近现代中兴净土宗的重要人物，印光儒佛并弘，谓儒佛二教，合之则双美，离之则两伤。故其能在教化中善巧方便地融通儒学而倡导因果。印光有着自己的禅净观，其仰承延寿的禅净四料简旨意而深加阐发。如其《复汪雨木居士书》所言："须知禅净二宗，归元是一，修法各别。禅以彻见本来面目为宗；净以信愿念佛求生为宗。"

二、禅净双修，双忘双照

“禅净双修”“禅净合一”的话题，虽非始自慧远，但并非与慧远全无关系。当年启建莲社时，慧远就认定：“念佛法门”是有益于禅定的“功高易进”之法门。事实上，慧远的弥陀净土与后来唐代的禅宗，也有一定的内在关系。杜继文先生主编的《佛教史》就颇有见地地指出：慧远所作的《庐山出〈修行方便禅经〉统序》及有关庐山禅法的心要，对唐代禅宗的形成有不小的影响。此话已然阐明慧远的庐山禅修心要，与后来的禅宗关联甚密。其实，宋明以后形成的禅净合一之趋势，足以说明净土宗与禅宗本有内在的关联。质言之，“净土”之理念，并非净土宗所专有。它其实是佛教各宗都要涉及的终极性问题——人生的终极解脱。对生命的归属问题，禅、净等佛教各宗，均以其独有的方法与思维取向做解答。弥陀净土与禅宗的结合，便演化出“唯心净土”观。若按唐代禅宗大珠慧海“净秽在心”的理念：若心清净，皆为净土；心若不净，皆是秽土。

第一位系统提出禅净双修、倡导禅净融合的是北宋永明延寿，他是净土宗六祖，同时又是禅宗、法眼宗传人。先来看其著名的《禅净四料简偈》：

一曰：有禅无净土，十人九蹉路，阴境如现前，瞥尔随他去。
二曰：无禅有净土，万修万人去，若得见弥陀，何愁不开悟。
三曰：有禅有净土，犹如戴角虎，现世为人师，来生作佛祖。
四曰：无禅无净土，铁床并铜柱，万劫与千生，没个人依怙。

此“四料简”又名之为“四料拣”，拣别之意，指学人应机应时择定的四种轨范。永明延寿的根本宗旨，就在倡导一种新的修持方法——禅净双修。这一经倡导，即成风尚，延至明清，从而形成一种文化。永明延寿此举之开创意义就在其对禅净关系的判定，是佛教史上的一个分水岭，因其大大推进了禅归净土的历史进程，成为彰显明代禅净合一趋势的一个突出文化符号。

在净土宗，紧接永明延寿而力主融通禅净二宗的人物是明代袾宏。作为与紫柏真可、憨山德清、蕅益智旭齐名的“明代四大高僧”之一，他极富学识，亦极有眼光。在禅净观上，可以说他是上承永明延寿，下启蕅益智旭、印光的禅净双修之表率。他坚信念佛不仅不碍于参禅，且终有益于参禅。其《竹窗二笔》言之凿凿："念佛不惟不碍参禅，实有益于参禅也。"这两句，可视为禅净合一之命题。然其佛教取向，虽主融合禅净而禅净双修，二者相得益彰，但终究是以净土为归。有此取向，故其指斥"狂禅"之弊，是以"骋驰狂慧，耽着顽虚"而妄谈禅理，从而弃置最需修持的基本功夫——老实念佛。因而他大力倡导"无知妄谈禅理，不如老实念佛"，甚至援用儒家"善人""贤人""圣人"观，来表征念佛依次递增的境界。云栖袾宏曾依仿东林寺当年莲社故事，特撰《净土发愿文》，据此可透见其与东林寺的渊源之深。

九祖智旭与东林寺的渊源，则不仅在他曾专门来江西游学，参禅念佛、闭关苦修，更与他倡导的禅、教、律三学一源而以净土为归之终极理念有关。智旭在修持方法的抉择上，持"禅净互资、禅净并重"观，如其所言："无禅之净土，非真净土；无净土之禅，非真禅。"

在终极取向上，智旭《参究念佛论》判定净土法门乃最为圆顿之佛法：

> 然了义中最了义，圆顿中极圆顿，方便中第一方便，无如净土一门。

可见，其禅观的终极指向，乃在将净土法门视为"高超一切禅教律，统摄一切禅教律"。应该说，智旭与袾宏的禅净观，切实把握了净土宗真义，在整体上对明代佛教的复兴起到了推动作用。

明代江西，虽禅宗盛行，但仍有不少禅净双修者，其中有无明慧经、憨山德清、楚石梵琦、永觉元贤、斯道道衍、博山元来、首山常元等。憨山德清（1546—1623）影响尤大。他 26 岁时云游庐山东林寺、云居山真如寺、青原山净居寺等寺。明万历四十五年（1617），憨山再登庐山，于五乳峰下肇建法云寺，从此效慧远法师而专修净土，强调“如此念佛，即是参禅”“参禅乃生净土”，在庐山修行整整 4 年。

三、净土文化，荟萃文人

中国古代寺庙，常是文化精英的聚集之地，此风延续千年而成一文化传统。慧远及其共修的僧团就以东林寺为基地，开创了这一与儒道学者、各界名士的交往渠道。慧远的庐山僧团显现出一种和谐于士大夫文化的特性。莲社的启建，就与庐山那多少有些隐逸取向的文化有关系。庐山作为“人文圣山”，其实与“隐逸文化名山”深深关联着。千古贤哲、文人达士如刘遗民、陶渊明、谢灵运、陆修静、韩愈、白居易、李白、孟浩然、韦应物、徐霞客、周敦颐、苏轼、黄庭坚、岳飞、朱熹、陆游、王阳明、康有为等，都曾到过庐山，受到净土宗文化的影响，也留下了许多千古名篇。

东林寺自东晋建寺起始，便十分注重与教内外人士的思想文化交流，隋代智者、唐代鉴真都心仪净土宗文化而参访东林寺；而后宋明时期的归宗智常、东林常总、憨山德清等，更在东林寺传法而凝聚大批文人。

最负盛名的是“浔阳三隐”——陶渊明、周续之、刘遗民三位隐士。周续之上庐山，是要追随慧远；而刘遗民上庐山，是想归隐于此，他们二人均属莲社高贤。陶渊明敬仰慧远，其亲家之族张野、张诠亦为慧远高足，故陶渊明常造访慧远，即便身患足疾亦不畏惧，有时令门生及二子肩竹舆前往，竟日与慧远长谈。时慧远年近 80，而陶渊明方是“知天命”之年，然知遇之人能互为激赏，哪怕言语抵牾，也从不计较。

像刘遗民这样的曾在宜昌、柴桑任职的地方官，竟也辞官离职，在庐山西林寺附近建起了一座“禅坊”，在此度过了他一生最后 15 年。而慧远的其他俗家弟子，也几乎全为“隐士”。他们终生拒绝为官，固然体现了他们身上那种隐者的内在追求。故而，在特定之精神文化圈中，莲社真的具备了超越性的另类文化特质——隐逸。

从东林寺的寺藏中，也可看到净土宗文化对文人士大夫的影响：五代之前的东林寺所藏文献，就有白居易、宗炳、雷次宗等人的文集。这在佛教寺庙中，较为少见。而对倡导净土宗文化的祖师们来说，此乃其一以贯之的传统。这一净土宗特有的文化传统，一直影响着佛教在中土的传播与普及。如东林寺净土宗在佛教中国化的历程中，其功亦能比之禅宗的“五家七宗”，其组团、译经、戒持等等活动，

《陶渊明像》黄慎 / 清代

无论如何也应视作一种佛教中国化的起步之举，庐山僧团与文人士大夫的特有关系，也是一种开先河的文化范例。例如白居易也常利用东林寺的寺藏，“披阅远大师与诸文士唱和集卷”，并在那里创作诗文多篇。随后，他还为东林寺的藏经楼专修西廊，并作《东林寺经藏西廊记》以志纪念。后有诗僧齐己，受白居易启发，亦将自己的诗集《白莲集》“归于庐岳，附远文集之末”。那时，中国文人士大夫多有佛教信仰，白居易、苏轼都愿以“居士”自居。白居易在贬谪江州后，对佛教信仰更为深切。他常轻骑简从来东林寺，甚至风雪之夜亦宿于东林，其《宿东林寺》诗就如此写道：“经窗灯焰短，僧炉火气深。索落庐山夜，风雪宿东林。”

《庐山观莲图》上官周 / 清代（中国美术馆藏）（图中上方为谢灵运，右为慧远）

僧神光聞達磨住少林乃往參承師端坐不聞誨勵光曰諸佛法印可得聞乎師曰諸佛法印匪從人得光曰我心未寧乞師與安師曰將心來與汝安光曰覓心了不可得師曰與汝安心竟

五祖弘忍大師蘄州黄梅人也姓周氏生而岐嶷童遊時逢一智者歎曰此子缺七種相不逮如來後遇信大師得法嗣化於破頭山

《八高僧图卷》梁楷 / 南宋（上海博物馆藏）

庐山东林寺藏经楼

庐山东林寺译经台

可见其于东林寺的钟爱程度，甚至有时连新年也懒得应酬官衙之事而来东林寺学佛。

宋明时期的文人士大夫如周敦颐、苏轼、王阳明等与东林寺的渊源多为禅宗。不过周敦颐在庐山结“青松社”，倡以“诚”为本的性理学说，甚至“语语出自东林口诀”，就不只是受影响，当与慧远的“诚信”发心理念有很深关系。即便从崇拜东林常总的名士张商英那里，也可察见其与慧远的隔代缘分。

第三章 近现代以来的江西净土宗

JIN-XIANDAI YILAI
DE JIANGXI JINGTUZONG

跨入近现代门槛而涉于净土宗文化者，不止是禅门中人、律宗门人，还有唯识宗门人。这或许是文化共识使然。此与一位人物密切相关，此人正是印光。

一、印祖重光，净土复兴

看 听

印光（1861—1940），陕西郃阳（今合阳）人。本姓赵，法名圣量，字印光，自称“常惭愧僧”，因仰慕佛教净土宗开山祖师——当年在庐山修行的慧远，故又号“继庐行者”。印光振兴佛教尤其是对净土宗的倡举，对中国近现代佛教影响极为深远。而其威望之高，被誉为近现代与虚云、太虚、谛闲齐名的四大高僧之一。其在当世净土宗信众中的地位，则无人能及。作为净土宗第十三代祖师，印光留之后世的文献《印光文钞》，共三编计 100 余万字，成为净土修行人指路取经的“小藏经”。

印光又与江西佛教尤其是东林寺的净土宗源头缘分极深。在印光诸多文献中，提及慧远者，比比皆是。追溯印光一生弘法行迹，他曾多次来赣讲经说法。为重建恢复赣州寿量寺等寺院，他还亲自撰写疏文并题书楹联。同时，他收纳赣籍僧人释德森、释了然为法嗣。后德森、了然等

赣州寿量寺

相继在兴国普惠寺、赣州寿量寺等弘扬净土“念佛法门”，并成为净土宗历史上的主要人物。

《增广印光文钞》跋中如此说道：无一语无来历，深入显出，妙契时机，诚末法中应病良药。可见，印光不仅是在佛理上能精辟入微，于一般世俗道理，亦能广汇贯通。

二、现代净土，契机修行

考察中国近现代佛教净土宗的历史，离不开对虚云、太虚、弘一、杨文会、欧阳竟无等与净土宗关系的研究。

虚云（1840—1959）是现代中国高僧中首屈一指的人物，他一生又极重佛典中的《楞严经》。他曾从《楞严经》中发掘其净土观："如《楞严经·大势至菩萨念佛圆通章》云：'若众生心，忆佛念佛，现前当来，必定见佛，去佛不远，不假方便，自得心开。……我本因地，以念佛心，入无生忍，今于此界，摄念佛人，归于净土。'"此中不仅透露出同于慧远"念佛禅"的"忆佛念佛"方式，更得出"归于净土"之结论。此外，虚云与印光常做弘法交流，一直互相敬重，可从其互动中透见一二。如印光请虚云为《印光大师画传》作序，虚云序中高度赞扬印光愿行深切，信心坚固，真实行持，脚踏实地。尤誉其为"禅净兼通，而归宗于净土"。

虚云此评，自非高标其格、抬举印光，而是实有见地，从心流出。重要的是，从此评中亦可窥见虚云自己的禅净合一观。

太虚（1890—1947），早年出家，中年曾于普陀山闭关修行、治学，是一位主张革新佛制、倡导“人生佛教”、著述宏富的学问僧。太虚多次来庐山，曾于1936年在庐山大林寺专心著述，同年在九江能仁寺演讲《往生净土论》。太虚的《莲宗十三祖印光大师塔铭》，对庐山莲宗大加褒奖，称莲宗递代增盛，流及海外。波澜壮阔，则滥觞庐山莲社。此外，太虚与印光也多有互动，对印光颇为推崇，高度评价印光“净土一法，独能尽之”“印师崛兴，遂极奥致”。而对作为佛教宗派的净土宗，他在《佛说无量寿经要义》中有一结论：净土法门，深大圆广，统摄无量，而居佛法中最高之位也。对一位判教上归属于唯识宗的大德，出此结论，实不易也。

弘一，即李叔同（1880—1942），与净土宗缘分极深。1918年李叔同出家，法号弘一。出家后的他，归心净土，信仰指向十分鲜明：“阿弥陀佛，无上医王。”故其提倡的是“息心专一念佛”。他曾闭关修行，誓证念佛三昧，还曾刺血书经。在其书法中，最常见的就是“阿弥陀佛”或“南无阿弥陀佛”，曾完整地抄写过《佛说阿弥陀经》。他广结善缘，与印光交集颇多，常有书信往来。首次读到印光著作，他就推崇备至，立即写信请教，并一而再、再

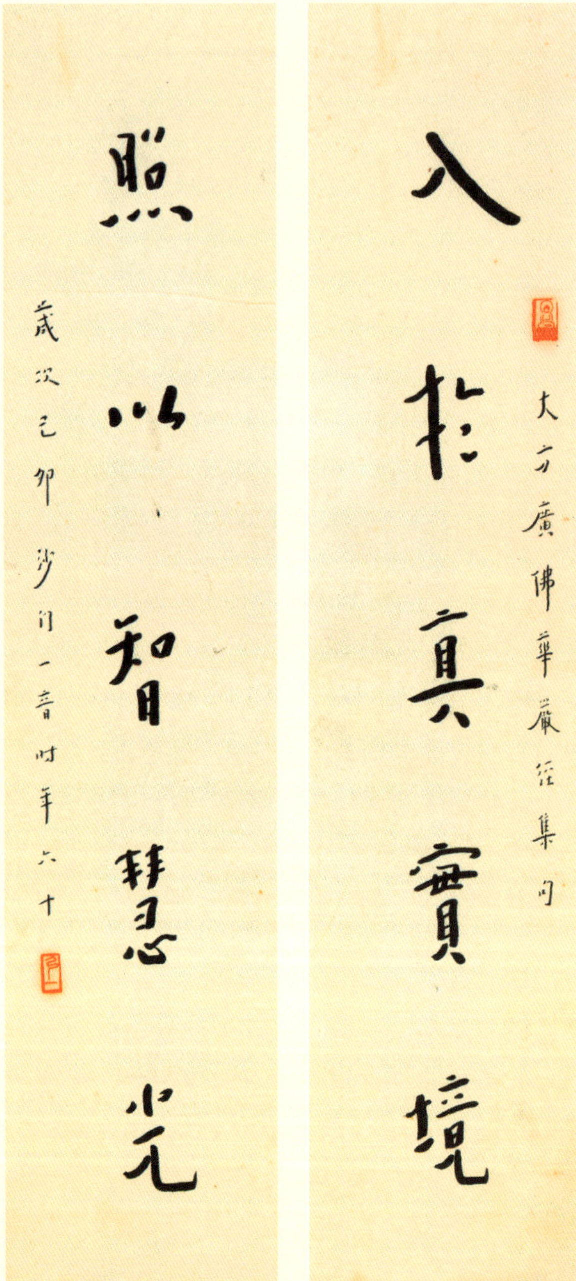

《五言联》弘一 / 近现代

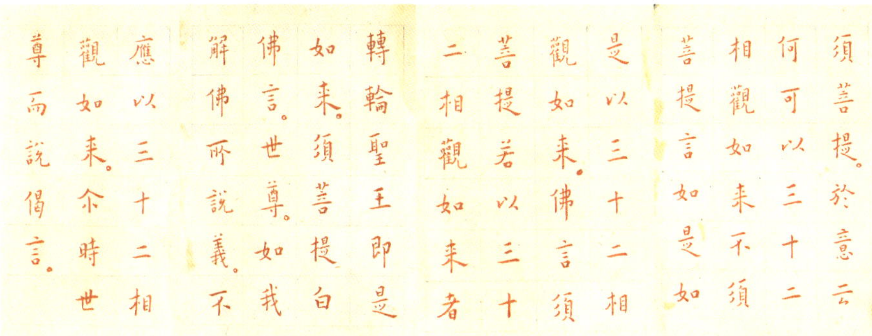

《金刚经》（局部）弘一 / 近现代

而三地求拜印光为师，后终遂愿成为印光弟子。1925 年 5 月，他又亲自前往普陀山法雨寺参礼印光。印光圆寂后，作为入门弟子的他，即刻写下《略述印光之盛德》并在泉州檀林福林寺作一演讲。在思想上，弘一很契于印光观念，认为净土宗才最契合现代人之根基。在现代中国的高僧中，弘一是自觉“弘净舍禅”的一位。太虚为他赠偈：以教印心，以律严身，内外清净，菩提之因。

此外，中国近现代史上如杨文会（1837—1911）、欧阳竟无（1871—1943）、桂柏华（1861—1915）等，他们与净土宗各有渊源而成就了那个时代的“居士佛教”。尤其是杨文会，这位自号“仁山居士”的近代中兴佛教的杰出人物，早年“崇禅宗而轻净土”，晚年幡然悔悟而强调“一切法门皆趋净土法门”。与印光不同的是，杨文会尊奉的净土经典为《三经一论》，而印光则尊《净土五经》。

杨文会是那一时代中极具号召力而在学术界影响巨大的居士，其门生中就有章太炎、谭嗣同、欧阳竟无、桂柏华、梅光羲、李证刚等人，后四人均为江西人氏。欧阳竟无的一个佛学著名命题是“佛法非宗教非哲学”。作为唯识宗学人，他对净土法门虽有异议，然其熔三学于一炉的“寂智”论，与慧远在庐山建树的“禅智”观，大有不约而同之妙。

三、戒恶扬善，净化心灵

历史文化是面镜子。慧远时代，他严持戒律，使其时的庐山东林寺获得《高僧传》给予的“道德所居”之美誉。汤用彤先生盛赞“慧远德行淳至，厉然不群”“精神卓绝，至德感人”。慧远重戒，意在积聚福德资粮、夯实善德基础。这使大盛于南方丛林的东林寺声名大振，更让净土宗慈悲善教之文化，由中国而流向世界。对慧远一生行迹及其理论建构做一透视即知，慧远兼综儒释道，同时又极富孝道精神，他致力于使佛法教化达到一种善教的社会效益——“道洽六亲，泽流天下”。如此，僧众虽为“方外”之士，亦能以其“顺化”之功而“协契皇极”，从而益于国家治理。同时又能“以生生通运之道为弘，资存日用之理”而“大庇生民”，改善民生福祉。

诸恶莫作，众善奉行——此为净土宗因果业报道德观的根本理念。佛教戒律本身就有着深厚道德内涵，其强调

东林寺玉佛楼后，有一泓清泉四季不涸，叫作“聪明泉”

“敦伦尽分，闲邪存诚”，即深涵儒学思想理念。佛教传入中国后立即融入中国的传统思想中，不仅由于其佛教理论的生死轮回观，更重要的一点在于其善恶果报与儒家传统的道德教化高度融合，以致于南北朝后，有的儒家学者甚至将佛教的“五戒”（不杀生、不偷盗、不邪淫、不妄语、不饮酒）比作儒家的“五常”（仁、义、礼、信、智）。与“五戒”相应的还有“十善”（不杀、不盗、不淫、不两舌、不恶口、不妄言、不绮语、不贪、不嗔、不痴），合称为“五戒十善”。三国时期的康僧会还曾明确把佛教的“明训”与儒典的“格言”等同起来，目的是要强化戒恶扬善的道德实践。故净土宗祖师常说：儒佛二教，合则双美。“五戒十善”对治的正是人之身、口、意三业，即令“身”而不杀、不盗、不淫；“口”而不两舌、不恶口、不妄言、不绮语；“意”而不贪、不嗔、不痴。显然，这都是从严于“戒” 的实际意义来提示的。从佛教道德观看，五戒显然重在止恶，十善则重在扬善。“止恶扬善”是其核心价值。

净土宗注重在戒行情操与道德理想统一的基础上造就善德人格。慧远在《与桓玄论料简沙门书》就开示说：“经教所开，凡有三科：一者禅思入微，二者讽味遗典，三者兴建福业。三科诚异，皆以律行为本。”此中所言“三科”，显然都在“经教所开”这一佛学教育熏陶之中，而尤以佛经“遗典”之“讽味”诵读（教内称为“诵经”），对僧

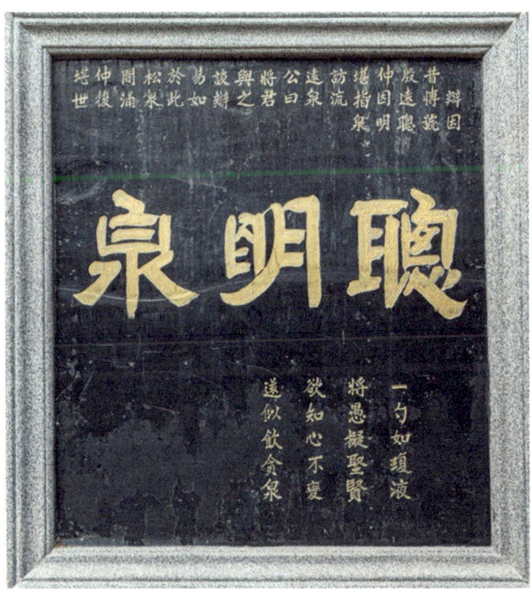

聪明泉东侧石壁嵌着写有皮日休诗的石碑

庐山东林寺莲池

格的培养意义重大。而这对世俗教育中的完善人格亦有启示，因其“三科”之教：禅思可让人安静素简而入微思深，诵经可经反复吟咏而获圣人精髓，福业可使人格完善而得极乐善终。故其教亦可使世俗道德增辉，并赋予世俗道德以深度。

净土宗文化极为讲究莲花般的“至善”境界，即涵括着佛教净化心灵之济世之旨。净土宗文化的根柢，特别是净土宗十三祖师以道德人格为核心的真善美取向，在传播的过程中，已然深深地融入中国人的思想观念中，在研究和阐发中华优秀传统文化的核心思想理念和中华人文精神时，人们可以察见这一影响。

第四章 『一脉二支』的早期江西禅宗

"YIMAIERZHI" DE
ZAOQI JIANGXI CHANZONG

中国佛教的特质在禅，禅宗与江西的渊源极为深厚。钱穆先生在《国史新论》中说道："唐代第一流豪杰，全走进禅寺中去了。"此话深意在指出禅门对文化思想的贡献。江西的佛教寺庙，绝大多数是禅寺，而著名禅僧，又多从"五家七宗"而出。江西是"五家七宗"至为重要的策源地、兴盛地。

一、惠能门下，青原南岳

看 听

中国禅宗自初祖达摩传法于中土，经二祖慧可、三祖僧璨、四祖道信、五祖弘忍，直至六祖惠能而大盛。作为五祖弘忍众多弟子之一，惠能以一首“菩提本无树，明镜亦非台，本来无一物，何处惹尘埃”的偈语，超越了以神秀为代表的诸多龙象，得到五祖衣钵正传而成为禅宗第六代宗师。惠能倡导明心见性、顿悟成佛的简便法门使禅宗进入到创新性发展阶段。正是惠能改变了中国禅宗的发展方向；而佛教中国化，也正是经惠能南禅法脉不断延续深化而告形成的。柳宗元所说“凡言禅，皆本曹溪”，指惠能所创南禅。唐中期后，惠能一系取代了神秀北宗地位，成就了中国禅宗之盛况。

六祖惠能门下可谓人才济济，十大弟子龙腾虎跃。其法脉传承最远者，一为青原行思系，二为南岳怀让系。此

《六祖截竹图》梁楷 / 南宋（东京国立博物馆藏）

即禅宗史上的“一脉二支”。青原行思在吉安，南岳怀让在衡山，各坐一方道场。怀让门下出了一位杰出者，此人即马祖道一。道一在江西广开教化，创立洪州宗，开发出“五家禅”中的沩仰宗、临济宗。而行思门下亦培养出一位大名鼎鼎的人物——石头希迁。希迁在湖南广行教化而打下了“五家禅”中的曹洞宗、云门宗、法眼宗的基础。

行思（673？—740？），又名青原行思，庐陵（今江西吉安）人，本姓刘，出身于豪门贵族而深受儒家文化熏陶。行思幼年时，即显方外之思，《景德传灯录》称其幼岁出家，《青原山志》则说他是唐廾耀元年（681）11 岁时出家的。行思作为六祖惠能的弟子，在曹溪 10 多年，遍览三藏，不仅受六祖器重，且深得法要。后住吉安青原山净居寺，四方禅客云集，世称青原行思。此系后衍生出禅宗的曹洞、云门、法眼三大法系。

早年行思听到惠能继承了五祖弘忍的衣钵，在曹溪宝林寺弘扬“直指人心，见性成佛”之顿悟法门，心向往之，于是千里迢迢来到曹溪宝林寺，向惠能请教佛法。据《六祖坛经》载，惠能见到这位来自远方的年轻比丘，心中十分喜悦。而年轻比丘果不负惠能所望，单刀直入，直取根本地问道：“当何所务，即不落阶级？”（应该怎样做，才能不落于阶级？）这里所谓“阶级”，是指禅修中的阶次。行思能径直触及这般问题，已然证明他是禅门难得好苗。六祖惠能见其出语不凡，未直接回答他的提问，而是反问道：“汝曾作什么来？”（你曾做什么来？）显然，此话亦可视作回答，六祖惠能故用此语来启悟年轻比丘。哪知这个沉默寡言的年轻比丘当即干净利落地再次作答：“圣谛尚不为，何阶级之有？”事实上，一执着于某个层面，何有彻悟之境？落入执着，永无超脱。对禅修而言，终极的超脱才是彻悟之境，而这个彻悟之境本身也是不能执着的。行思这番回答，算是将其已然证悟的境界和盘托出了。

南岳怀让（677—744）是一位不开法而径直修行的禅僧。他和青原行思、荷泽神会为惠能门下“三大士”，更被视为“曹溪下一伟材”。怀让 15 岁就在荆州玉泉寺出家了。有一天他自叹：“出家的人

净居寺山门内有一照壁，壁内嵌石碑一方，碑上有明朝理学家王阳明题的“曹溪宗派”四个大字

行无为法，天上人间，没有能胜的。”21 岁受具足戒后即寻谒嵩山慧安，然机缘不契。慧安指点他往参六祖惠能。

怀让师事六祖惠能 15 年方得印可。一日惠能对他说：“向后佛法从汝边去。西天般若多罗谶汝足下出一马驹，踏杀天下人。应在汝心，不须速说。”这一谶语中的“马驹”，后因马祖道一的来到而应验。

唐开元年间，怀让往湖南南岳，居般若寺，弘传惠能的“曹溪教旨”。一时学者风动附从，道一也于此时来到南岳。怀让见他容貌奇异，知为法器，欲加以诱导。但见道一成日坐禅，不顾他事，便问道一：“大德坐禅图什么？”

衡山磨镜台

道一答曰："图作佛。"怀让于是取一砖，在道一庵前的石上磨个半晌。道一大觉奇怪，终于发问："磨砖做什么？"怀让曰："磨作镜。"道一不解而又问："磨砖岂得成镜？"怀让只等此语，于是乘机开示道一说："磨砖即不成镜，坐禅岂得做佛？"怀让的意思很明白，磨砖固然不能成镜，但打坐也不等于就是禅，坐禅并不能成佛。

磨镜台有"南禅祖源，传法圣地"的称号

道一闻言心动，随即起身求教。怀让告诉他：比如牛驾车，车若不动，是打车好，还是打牛好？道一无言以对。怀让接下又说：你整天在此打坐，究为学坐禅，还是学做佛？若说学坐禅，禅不是坐卧就可得到的；若说学做佛，佛从无定相。禅门要道，不应有所取舍。你若是坐佛，即是杀佛。你若执着坐相，只能证明你尚未通达。

此刻道一，如醍醐灌顶，瞬间大悟。怀让所问看似极平常的问题，其内在精神实质获得了禅门内高度认可，演绎成故事后在马祖门下广播成风。如道一入室弟子百丈怀海与其师叔耽源应真之间，就同样有过一次"牛车"故事，车不会动牛会动，"牛在什么处"？

经怀让10年栽培的道一，已能直承祖风。那时，怀让有六大弟子，均获印可，唯道一密受心印。怀让如此说道：其他各弟子得其眉、眼、耳、鼻、舌，唯道一"得吾心"。而"心"正是禅法的根本。

二、行思居首，立于庐陵

看

听

行思成为惠能门下居首弟子，后回家乡住持青原山净居寺，开始了他立于庐陵而开创青原法派的历程。行思门下又陶养出一位重要继承者，此即开发出“五家禅”三家的石头希迁（700—790）。有高徒接续，行思自然兴奋：“众角虽多，一麟足矣！”从禅宗史看，青原行思的“不落阶级”，不久即化为弟子石头希迁的“泯绝无寄”禅，终而在良价、本寂门下成为曹洞“五位君臣”之禅。

通过“庐陵米作么价”的传说故事能了解青原行思的禅风特征。《祖堂集》《景德传灯录》均载：“僧问：‘如何是佛法大意？’师曰：‘庐陵米作么价？’”

青原行思只此一语的“庐陵米价”，成为当时流传极广、人口传颂的禅语。先从禅门针对此语而专门集成“评唱”与“颂古”的大量材料中拈出一二，先举《禅宗颂古联珠通集》卷九中的二则：

庐陵米价逐年新，道听虚传未必真。大意不须歧路问，高低宜见本来人。（黄龙慧南）

庐陵米价越尖新，那个商量不挂唇。无限清风生阃外，休将升斗计疏亲。（白云守端）

再看《愚庵智及禅师语录》卷七“颂古”部分所载的“庐陵米价”：

庐陵米，作么价，此语流传遍天下。佛法大意只这是，衲僧不用生疑怪。

以上三则颂古，都是说明“庐陵米价”在当时影响广泛。

《景德传灯录》卷五所载另一个禅宗故事：

武则天长安年间的一日，一位深受六祖惠能器重的弟子——荷泽神会来访，打破了青原山净居寺的平静：一场看似简单平常的会面，却又一次蕴积起极为深刻的禅理。两人见面后，当行思问神会曹溪宗旨是什么时，神会不仅不作声，且起身而立，似高度自信。却未料，他丝毫未得行思认可，行思当即给出一句评语：“犹持瓦砾在。”意谓：你身上还有瓦砾在呢！这当然是说其禅修不够纯粹，悟道尚未到位。此刻的神会十分镇定，陡然反唇相讥：你处就

吉安青原山净居寺

吉安青原山碧溪

有真金与人吗？显然，初来乍到的神会，并未示其谦下之意。行思见此，知其未纯，故斩钉截铁地说：我处即使有真金与你，恐你也无法安置。

行思一生行迹，处处呈现出他“目击道存”的极高悟性。但更重要的是，行思是通过极素朴禅风来透显其玄远之思的。

立于庐陵的青原行思，如此以其平淡而深刻、素朴而玄远的禅思禅风，影响并开启了曹洞、云门、法眼之宗门。

看

听

三、马祖百丈，建寺弘规

马祖道一离开南岳，来到江西，最终创立了洪州禅系。马祖道一的总体特征可以用两句话来概括：一是"创丛林"，二是"平常心是道"。前者指的是他的活动，后者指的是他的证量。马祖道一不仅是个理论家，而且是禅宗史上难得一见的开一代禅风的宗师。印顺在《中国禅宗史》中认为：马祖道一的洪州禅出现之后，才真正标志着禅学中国化的完成。胡适在其《论禅宗史的纲领》中也指出：到了唐代的惠能、道一时，才可说中国禅，而道一门下成为正统，中国禅宗至此完全成立。就其开宗立派而言，马祖道一称得上前承惠能、下开五家七宗这一过渡历史形态的划时代人物。

马祖（709—788），名道一，汉州什邡（今属四川）人，后世尊称马祖。大寂，是道一圆寂后唐宪宗所追谥的号。

早年马祖道一在资州（今四川资中县）出家，于渝州（今重庆）受具足戒。如前所述，马祖道一于唐开元年间师事南岳怀让，尽得南禅法髓。后转道福建建阳佛迹岭进入江西，先后开法于宜黄石巩寺、赣县龚公山宝华寺等地。马祖道一所到之处聚徒说法，创建丛林。唐大历四年（769）洪州刺史迎请马祖道一来洪州开元寺(今江西南昌佑民寺)坐堂说法，马祖道一大开禅门，广纳学子。其时，“四方学者云集”，以至声名远播，“哄动官民”。洪州宗由此而立。唐贞元四年（788）至建昌县寿安乡石门山泐潭（今江西靖安宝峰乡）宣扬禅宗教义，并在此圆寂(一说圆寂于南昌，归葬宝峰)，享寿八十春秋。

“丛林”一语，是我国汉传佛教中僧众聚集居住之寺院的通称，尤其指有规模的禅宗寺院。然而在早期禅宗史上，大多数禅僧一生以瓶钵生涯的头陀行随缘应化，生活简朴，居无定所。此种情况，直到四祖道信（580—651）才有所改变。道信在弘法生涯中，特别在黄梅定居之后，开始建立固定的弘法基地。至此，翻开了中国禅宗史营建教团而住的新篇章，但其规模与形式，都不太成熟和完备。直至马祖道一建丛林，才真正大兴禅宗教团聚集而居之风，创立了中国禅宗史上特有的“丛林”禅修模式。

马祖道一开启丛林，可谓筚路蓝缕。有一传说故事，约唐天宝三载（744），马祖道一从建阳（今福建）佛迹岭进入江西后，先是在宜黄石巩结庵静修。一日正打坐，隐约间听到一阵急切而慌乱的野鹿奔窜声，马祖道一徐步而出，但见一头惊恐万分的麋鹿，后面跟着一个紧追不舍、张弓搭箭的壮汉，这是个箭不虚发的猎手。他一见马祖道一即问："和尚，看见一只麋鹿逃过去吗？"马祖道一不睬，反

南昌佑民寺大雄宝殿

南昌佑民寺祖师殿

南昌佑民寺铜佛殿

南昌佑民寺接引殿

问道：“你什么人？”壮汉自傲而答：“猎人。”马祖道一再问：“会射箭否？”猎人不屑而曰：“猎者岂有不会射箭之人？”马祖道一继又问：“你一箭可射几只？”猎人自豪作答：“一箭一只，从未落空。”马祖道一头一摇，淡然而道：“你不会射箭。”猎人大惊失色：“莫非和尚乃射箭高手？”马祖道一频然点头。猎人继而追问：“你一箭能射几只？”马祖道一断然答曰：“一箭射杀一群。”猎人似半晌省悟而悻悻然说道：“和尚竟也心狠手辣，彼此都为生命，奈何要射杀它一大群。”这自然引出马祖道一欲说之语：“你既知彼此都为生命，为何将此无比锋利之箭射向它们而不自射呢？”紧接马祖道一又再做重复：“何不自射？”此问话中涵括了马祖道一深藏之禅机，直入猎人灵魂深处而让猎人惊颤得大汗淋漓。然而也就在此瞬间，猎人顿悟。……他后来成为著名的石巩慧藏。

不久，马祖道一来到江西赣县龚公山。传说，龚公山早为魑魅所居，无人敢近，近则灾祸立生。马祖道一初至此，但见一神紫衣玄冠前来致礼，说是愿舍此地作为清净梵场。言毕即隐。此后，马祖道一在此大兴禅法。

历经半个多世纪的漫长岁月，马祖道一几乎踏遍江西的东南西北。其时“洪州”大致是现今的南昌、丰城、进贤、修水及锦江（赣江支流）流域几县（市）。今南昌地区尤其是宜春靖安、丰城等地，方为马祖建丛林之重要地点。然马祖道一威望之高，使其能得到地方官员支持，筹资建寺几畅通无阻。故其所创建丛林之多，方志记载就达数百，仅丰城一地就有9座寺院。马祖以洪州地区为中心，广建丛林，大扬禅风，盛极一时，“洪州宗”因此得名并成为禅宗最壮观派系，中国佛禅之历史文化，故将其定格为“洪州禅”。当时赣地文化中“走江湖”的说法，也因四方禅者皆以“不见二大士（马祖道一与石头希迁）为无知”，而在江西、湖南之间“往来憧憧”求师所致，宜春地区则成为习禅者东西奔波的“湘赣孔道”。

南昌佑民寺铜钟

最能体现洪州禅风的故事是赵州从谂的“吃茶去”。赵州从谂（778—897）为马祖道一法孙，是大力弘扬洪州禅风者，他与黄檗希运是心心相印的道友，曾专门行脚到洞山参访黄檗希运。这则故事简单明了：两位僧人来到赵州从谂处，院主领着他们拜见赵州。赵州一见他们即问：“你曾到过这里么？”其中一僧人说“曾到过。”赵州曰：“吃茶去。”古代丛林对挂单的云游僧人，都有先吃茶的惯例。赵州接着又问另一僧人到过此地否，那僧人说：“未曾到过。”赵州仍说：“吃茶去。”此刻院主有些奇怪，便也发问道：“为什么对曾到这里的说吃茶去，对不曾到的也说吃茶去？”赵州突然大声召唤院主，院主连忙应诺。赵州仍直接大声说“吃茶去！”赵州一句“吃茶去”，看似平常，却是基于千锤百炼、获得大彻大悟后的一种“无漏清净慧”。这里再多言语只须用一句“吃茶去”即可——初来者也吃茶去，重来者也吃茶去，久住者依然吃茶去！此中奥妙只赵州悟得，解者各有其说；但禅机再深，要在一“悟”。人人都懂，吃茶不就是平常事么？但真止深通禅机者，不也正是在平常事中听任自然，自在无碍么？“要眠即眠，要坐即坐”，“热即取凉，寒即向火”——这正是洪州禅的“平常心是道”。这个故事在中国大地流传极广，后来，“赵州茶”“德山棒”“临济喝”“云门饼”成为禅宗的“四大门风”。

宜黄石巩寺

马祖道一接引后学、教法也别具一格。马祖道一的新禅法传播极广，势头极盛。据《景德传灯录》载，其入室弟子便达 139 人之多，而据《祖堂集》载，其亲承弟子就有 84 人，并各为一方宗主。其时，马祖道一的几百名弟子已然遍布大江南北，如百丈怀海、西堂智藏、南泉普愿等就是马祖道一门下的弟子，号称马祖道一门下“三大士”。而怀海、普愿这两大祖师亦遗泽后世，其他如大珠慧海、汾州无业、大梅法常、归宗智常、石巩慧藏、兴善惟宽、五台隐峰、盐官齐安、盘山宝积等则各领风骚。继承马祖道一禅法的沩仰宗、临济宗及其从临济宗演化出的杨岐派和黄龙派，均在马祖道一开创的洪州禅系之下。马祖道一之后的整个洪州禅系便是在得马祖道一“大机大用”禅法精髓后迅速发展壮大的。慧寂谓“百丈得大机，黄檗得大用”，是慧眼识英雄。此外，洪州禅能迎合那些既有出世思想又有入世之情的士大夫的精神需求，一大批文人如庞蕴、裴休、白居易等，无不与洪州禅关系密切。

立于地域文化视角，则尤要提及马祖道一弟子驻锡的几座极著名寺庙：奉新的百丈寺、赣县的宝华寺、庐山的归宗寺、宜黄的石巩寺（石砻寺）、高安的大愚寺。

马祖道一的洪州宗成了当时的“选佛场”。不少禅宗文献都载有“丹霞进京应举考试，途遇一禅客而返回拜马祖道一为师”的景况。客曰：“选官何如选佛？”霞曰：“选佛当往何所？”客曰：“江西马大师出世，此选佛场也。”

在禅宗史上，马祖道一的洪州禅属南岳一系，据张志军著《禅东禅西》《禅南禅北》，其法嗣传承主干可分为二：

南岳怀让——马祖道一——大珠慧海

——石巩慧藏

——西堂智藏

——盐官齐安

——东寺如会

——归宗智常——高安大愚——末山了然

——兴善惟宽

——五台隐峰

——盘山宝积——镇州普化

——大梅法常——杭州天龙——金华俱胝

——居士庞蕴

——南泉普愿——赵州从谂

——长沙景岑

马祖道一——百丈怀海——古灵神赞

——长庆大安

——沩山灵祐——仰山慧寂

——香严智闲

——黄檗希运——临济义玄

——睦州道明

对马祖道一而言，最重要的两个道场为开元寺和宝峰寺。但宝峰寺在马祖道一示寂前，名气并不大。马祖归真，宝峰始盛。除了马

高安大愚寺

祖道一的弟子百丈怀海、泐潭法会、泐潭惟建、泐潭常兴弘法于此，历史上曾活动于宝峰道场的尊宿还有沩山灵祐、耽源应真、云岩昙晟、洞山良价、九峰道虔、黄龙慧南、东林常总、宝峰克文、觉范慧洪、大慧宗杲等。

怀海（720—814），本姓王，福州长乐人，早年在西山慧照处出家，后至衡山法朗律师处受具足戒，又往安徽庐江浮槎寺披阅藏经多年。其间闻听马祖道一在南康传法，乃前去投师。他侍奉马祖道一六年，"尽得心印"。后住新吴（今江西奉新）百丈山，得"百丈"法号。百丈怀海首倡禅门清规，为中国禅宗"农禅"创始人。其嗣法弟子甚众，如沩山灵祐、黄檗希运、长庆大安等人。

有个故事，一日，百丈随侍马祖出游，行进中正逢一群野鸭子飞过头顶，马祖即刻问道："是什么？"百丈当

靖安宝峰寺山门

靖安宝峰寺大雄宝殿

知师父此问已暗含禅机，在此前百丈已成为马祖侍者三年，马祖总在百丈揭开斋饭盖子时，拈一块胡饼问他："是什么？"百丈每每不能畅快作答，因他知道师父的用意不在胡饼。此刻，未能开悟的百丈依旧不知如何回答，只能望着远去的野鸭直说："野鸭子。"这回马祖没有放过他："到什么地方去了？""飞过去了。"马祖当即扭住百丈鼻子，使劲一拧，只听百丈负痛失声，嗷嗷叫起。马祖大声喝："又道飞过去了！"百丈当下省悟。师父的用意原来在让自己"见色而明心"。

慧海也是马祖的弟子，他刚到江西参见马祖，马祖便问："你从哪儿来？"慧海答从越州（今浙江绍兴）大云寺来。马祖继而问道："来这里想干什么？"慧海自然是说求佛法。这时马祖告诉他："放弃自家宝藏不顾，抛家乱跑做什么？我这里一物也无，求什么佛法？"慧海当然没有就此作罢，他即刻向马祖施礼问道："哪个是我慧海自家宝藏呢？"马祖说："现在能够向我发问的那个主人公就是你的宝藏，一切完备，你并不缺欠任何东西，完全可以自由自在地使用，何必再向外寻求！"慧海言下省悟，觉知到自己本心的存在。

再说顿悟后的百丈，他畅快地回到寮房，心情一放松，居然放声大哭起来。此刻的哭，当是喜极而哭。但旁边的和尚不知，问他是想家了还是被人骂了。百丈直说是鼻子被师父拧痛了。同参又问："有什么因缘不契？"他让同参去问师父，师父只说："百丈自己清楚，你们去问他自

己好了。”同参再问百丈，只见百丈开怀大笑，弄得同参大惑不解地说：“刚才还在哭，现在干嘛笑？”

第二天，师徒俩又续演了一场“马祖上堂，百丈卷席”的好戏。“卷席”乃禅宗“说法”完毕之标志，这显示了怀海悟境中深藏禅机。《五灯会元》卷十五载守亿诗赞叹马祖与百丈的这一接机情形，云：

马祖才升堂，雄峰便卷席。
春风一阵来，满地花狼藉。

奉新百丈寺天王殿

确如其诗所云，百丈的卷席，如一阵春风，将浮华言辞吹落净尽。于是“天下禅宗如风偃草，由（怀）海之始也”。如此高度的评价，在禅宗史上也是十分罕见的。这是百丈以他“一日不作，一日不食”之农禅并重制度建立，而获得的美誉。《祖堂集》赞百丈：“有‘一日不作，一日不食’之言流播寰宇矣。”百丈平素即为苦节高行之人，而凡有劳动，一定是带头参加者。寺院中的管事见百丈年事已高，不忍心见其劳累之态，便将其工具藏起并请他休息。百丈说：“我不就是个无德之人吗？岂能让人为我劳动？”当他无法找到工具后，他也就不再就餐了。百丈的故事，

当时就传遍天下。

百丈"不作不食"的格言，与他创立《禅门规式》亦即后世所称"百丈清规"中的制度完全一致。《禅门规式》的创立使禅宗体制更加中国化，而这对当时禅宗的发展是个极大的推动。尤其是别立禅居，使禅宗僧侣从旧的教规

奉新百丈寺

中脱离出来；且不立佛殿，唯树法堂，又展现出南禅那种独立自主之精神与思想品格。一系列“农禅并重”制度规则支撑的《禅门规式》，非常实际地规定了设立禅宗独立寺院、禅僧修行规仪等具体方案。如寺中住持居于“方丈”室；不立佛殿，只建法堂；阖院大众，朝参夕聚，长老上堂升座，主事徒众雁立侧聆，宾主问酬，激扬宗要；斋粥随宜，二时均遍，务于节俭；实行“普请”之法，参加劳动，“上下均力”；管理上设十个职务，每个职务又各设一主持者，如“饭头”“菜头”等；对假冒或违犯清规者则“以拄杖杖之，集众烧衣钵道具”，且驱逐出院。如此严密的制度规则，在百丈的示范下，不仅洪州僧团坚持实施了，而且风行整个禅宗丛林。宋代赞宁在其所著的《宋高僧传》中盛赞百丈：“禅门独行，由海之始。”农禅并重的“百丈清规”对禅宗之贡献甚大。一是《百丈清规》的制定对禅宗之特立独行提供了制度保障，并对禅宗此后发展起到巨大作用。二是“别立禅居”的规定更使禅宗有适于自己修行的场所，此后众僧禅修有了上佳环境。三是“普请劳作”的规定又为禅宗自给自足、独立发展奠定了经济基础。在“农禅并重”理念基础上制定的百丈清规，自真正实现之日起，便意味着禅宗完全建立了洪州宗的宗风，而这无疑是“佛教中国化”进程中关键的一步。

奉新百丈寺“真源”石刻

百丈怀海不仅因其上承马祖道一洪州宗风而制定“百丈清规”，且以其极富特色的禅风而对后来的沩仰宗乃至临济宗等宗风的形成、发展影响巨大。百丈强调并推崇超越束缚的“去住自由”之境界，形成了要求“心如虚空，不滞一法”的纵横自在、自由任运的禅风，并善以灵活多变的机用来接引学人。在百丈的语录中，多处出现“自由”“自由人”“自由分”“独立分”“去住自由”这般话语，如此禅风与其农禅规制理念高度统一。

说“百丈清规”在当时禅门内掀起了一场革命，似不为过。其建立的是禅院组织法，成就的是颇具典型特征的“唯立法堂”的禅居方式，佛教的中国化于此又迈入了一个崭新的阶段。

第五章

『方圆默契』沩仰宗

"FANGYUAN MOQI"
WEIYANGZONG

马祖、百丈之后，“五家七宗”中最早出现的就是沩仰宗，它是达摩预言“一花开五叶”中的第一叶。该宗的得名，是因开宗立派者灵祐和他的弟子慧寂先后住持于潭州沩山和袁州仰山——“沩”是大沩山，位于湖南宁乡市西部；而“仰”则指今江西宜春的仰山。发端于沩山，成形于仰山的沩仰宗的创立，标志着中国禅宗已开始进入越祖分灯的时代。

一、沩山灵祐，仰山慧寂

沩山灵祐(771—853)，本姓赵，福建长溪(今福建霞浦)人。他15岁随本郡建善寺法恒律师出家，3年后在杭州龙兴寺受具足戒，学大小乘律学。他算得上是惠能门下南岳系第三代传人，23岁时参学于百丈怀海。某天，灵祐感悟到死钻文字堆无关生命真谛之证悟，难以让漂泊的心灵得到真正的归宿。“诸佛至论，虽则妙理渊深，毕竟终未是吾栖神之地。”于是，他尝试探求新的修行之路。灵祐先是云游参访，受到天台智者遗迹的启迪，继又遇神异僧寒山。寒山以谶语指点：“逢潭则止，遇沩则住。”后游国清寺时遇僧人拾得，拾得预言他将来会成为“一千五百人善知识”。唐贞元九年(793)，灵祐到江西建昌县西南马祖的墓塔所在地石门山(今江西靖安县宝峰)泐潭寺，参谒马祖弟子怀海：“诣泐潭谒大智师(怀海谥号)，顿了祖意。” 可见，其悟道因缘始于百丈怀海。一日，他侍立于怀海旁，怀海问：“谁？”答：“灵祐。”怀海随即说：“你拨一拨火炉，看看炉中有火否。”他稍一拨动，答道：“没有火。”怀海下座亲拨，掘至深处，拨出一点火花，举起示于灵祐前问曰：“这不是火？”灵祐大悟——深埋炉底之火即是佛性之喻。深拨得火，其意即为：人人虽具备佛性，但未必都能随机而出，须努力发掘，而且不能错过“时节因缘”。这个禅史上著名的机缘故事，所传达的核心禅旨，当在怀海借火喻佛性之常在。在怀海看来，由自心而悟佛性，是有待于时机的。时机尚不成熟，则无悟入之道，甚至有时似悟而未真悟。

开悟后的灵祐，不久即成为怀海首座弟子，被派往峭绝而无人烟的大沩山。灵祐开初几年过着橡栗充食、猿猱为伍的日子。苦心经营七八载，才得当地人帮助而开辟道场。但不久武宗灭法，使灵祐不得不舍其所在。时光流转，至唐大中元年（847），灵祐终迎来曾任宰相的湖南观察使裴休参访。裴休不仅深契灵祐禅旨，还干脆“亲为其徒列”，拜灵祐为帅，并让灵祐重新立于大沩山。

不久后，从吉州耽源山来了个和尚，此人即慧寂。从此，大沩山不再孤寂。

灵祐与慧寂，人称“父唱子和”。沩山奥秘，仰山深邃，师徒俩相得益彰，终于创立了沩仰宗。

仰山慧寂（807—883），本姓叶，韶州怀化（今广东番禺）人。《五灯会元》载，他 9 岁投广州和安寺出家，《宋高僧传》则谓其 15 岁时求出家，父母未允。17 岁时他下大决心，断其左手无名指和小指置于父母前，答谢养育之恩，父母乃允其出家，南华寺披剃。其时，南阳慧忠预言："吾灭后三十年，南方有一沙弥到来，大兴此教，次第传授，无令断绝。"南阳的弟子为新干县耽源山应真，他断言慧寂就是那预言中的传法沙弥，于是毫不犹豫将密法——圆相法图本交与这位小沙弥。不过，他怎么也没料到，慧寂当即一阅而将其烧毁。应真方加责备，慧寂说已知大意，何必执着原本文献？你若硬要，我重录一遍就是。他果真重录写一个本子呈递应真，并以手势示以原本文献中的圆相。应真当下连连点头，极表首肯。此后，慧寂往湖南沩山参灵祐，在其门下 15 载，体会"事理不二，真佛如如"禅旨，还在艰苦农禅劳作中落下一瘸腿。

唐会昌元年（841），慧寂先到郴州王莽山，继至"袁州南仰"，即今宜春南八十里外的仰山。此时正是唐武宗毁天下寺院的"会昌法难"之际，灵祐难免"裹首为民"。慧寂亦以孤僻之地青灯煨芋而逃过劫难。会昌法难结束后不久，慧寂即大张法事，声名振起。据《慧寂语录》载，有西天梵僧来访，与慧寂几个回合答问后即曰："特来东土礼文殊，却遇小释迦。"遂出梵书贝叶与慧寂。此后，慧寂被称为"小释迦"。

慧寂平时多用 96 个圆相符号，以回答各种问题，且总以手势传达其禅意启悟学人。最终，这位“小释迦”开启出深邃的“仰山门风”。圆相示知，心照不宣，语默不露，禅宗“不立文字”宗旨在“小释迦”这里得到完美体现。他还常开示大众如何收摄性灵，返观自性。“且莫将心凑泊，但向自己性海，如实而修。”可见，反观自性仍以“如实而修”为基准。

慧寂 77 岁时圆寂于韶州东平山，后人将以灵祐、慧寂为代表的禅系称为沩仰宗。

二、理事不二，无念为宗

看 听

法眼宗宗主文益的《宗门十规论》，以四字概括沩仰家风——“方圆默契”。宗风毕竟从根本理念而来，沩仰的理论是直承马祖、百丈的基本主张：将体认和发掘自心佛性放在首位。人皆具佛性，明心见性，即可成佛。这种理念实质上是源于惠能，故其上承脉络十分清晰。

沩仰确实是深得马祖、百丈“理事如如”禅旨的。《祖堂集》载沩山接引慧寂时说“性相常住，理事不二，真佛如如”，就已是圆相的义理内涵之表征。而仰山进而用“凡圣情尽，体露真常，理事不二，即如如佛”来开示禅者，更可见沩仰的圆相是有着极深义理基础的。既理事不二，便须体用兼得。禅宗史上的经典文献大都载有沩山灵祐与仰山慧寂普请采茶时的一个故事。灵祐对慧寂说：“终日摘茶，只闻子声，不见子形。”慧寂听言即摇晃茶树。灵

宜春仰山栖隐禅寺

栖隐禅寺内刻有"方圆默契"照壁

祐又说："子只得其用，不得其体。"慧寂随即反问："未审和尚如何？"灵祐听后良久沉默不语。哪知，慧寂面对灵祐的沉默，按捺不住地说："和尚只得其体，未得其用。"此刻，灵祐才缓缓开口："放子三十棒。"

沩仰禅法特征可概之以"无心是道"一语，这巧妙地相应了沩仰无修之修的观念，而这观念正是源于六祖惠能的"无念为宗"。《沩山灵祐语录》载："僧问：'如何是道？'师云：'无心是道。'"一次灵祐在沩山聚众说法时，有人问：顿悟之人还需再修吗？灵祐立即作答：如果真悟得本，能自知佛性，修与不修，就不成为问题了。灵祐、慧寂师徒都坚信：如能单刀直入，就能凡圣情尽，体露真常；理事不二，即如如佛。所以沩仰宗最为强调的就这一句：收摄性灵，反观自性。

灵祐门下高徒香岩智闲（或称香严智闲），亦大显此"理事不二，无心是道"之要旨。智闲与曾隐匿民间后登基称帝的唐宣宗李忱之间有个故事，故事大意如下。

起初，李忱潜遁在智闲门下剃度为沙弥，智闲未识李忱真容。只是一次两人游方至庐山，智闲近望庐山瀑布，激动无比，当即吟诗两句："穿云透石不辞劳，地远方知出处高。"站立一旁的李忱，闻声而紧接吟诗："溪涧岂能留得住，终归大海作波涛。"凭智闲的悟性，当下即知面前这位沙弥决非等闲之辈。后来的历史已然证明智闲的眼光。他一生随机任运，无不透显出沩仰禅系之灵机。其最为著名的"击竹悟道"故事即是沩仰"无心是道""随缘对机"禅旨的最佳表征。

三、沩仰法盛，禅风远播

禅宗五家中，虽然沩仰兴起最早，但其衰亡也较早，其法脉流传 150 年左右。不少学者认为，这可能是由于沩山灵祐的顿超得妙，过于奥秘；仰山慧寂功行绵密，过于深邃，非大根器者不易悟入。但沩仰禅法却在新罗国（今韩国）生根发芽，至今不绝。可谓禅风远播。

沩山灵祐、仰山慧寂的垦荒开田、自食其力，是直接承续了百丈怀海“一日不作，一日不食”的农禅并修的作风。当年灵祐门下修禅者已多达一千五六百人，已然证明沩仰宗风的巨大影响力。特别是灵祐、慧寂的亲自劳作，更有那种“语默不露”的内在魅力。慧寂嗣法，力度不减其师，故其弟子众多，他后半生活动地点主要是在宜春仰山。据考，慧寂的主要法嗣有无著，无著在江西新建区古佛岭观音院参慧寂，得慧寂印可；另一法嗣顺支了悟，是新罗国人，参慧寂亦得心印。了悟归国后弘法于五观山，创立新罗即今韩国沩仰宗；西塔光穆，弘沩仰禅法于仰山西塔，传法弟子有吉安资福如宝，如宝传资福贞邃；另一重要弟子南塔光涌，弘法于仰山南塔，曾住持洪州石亭寺。南塔光涌接续弟子较著名者有新罗僧芭蕉慧清，慧清传逞州继彻等10人。

沩仰弟子中还有像陆希声这般文人士大夫。陆希声是慧寂的故交，慧寂在洪州石亭观音院时就与之结识。陆希声得遇慧寂之后，“洗心求道”，言下即能契悟。故同道论起门人禅法，总是跷起拇指称陆希声为上。慧寂圆寂后，陆为其写下了著名的《仰山通智大师塔铭》。

五代末，沩仰传至第六世，蕲州三角山志谦和第七世郢州兴阳词铎，宋以下有无传承则未见史载。史家谓其法脉断绝，然其在韩国却盛传至今。而至 20 世纪 50 年代，虚云移居永修云居山真如寺后，念此宗法脉中断千年，而遥承七世兴阳词铎法脉为沩仰宗八世祖。自此，沩仰风流又重兴海内外，远至北美。

第六章 『立处即真』临济宗

"LICHU JI ZHEN"
LINJIZONG

临济宗在赣地禅佛影响甚大。这固然与其流传时间久远有关，但也与临济宗创立者义玄接续洪州禅法，并确立起自己极富特色的禅法相关。其传承线路清晰而简明：六祖惠能—南岳怀让—马祖道一—黄檗希运—临济义玄。洪州禅的"即心即佛"对其极富个性的"立处皆真"之门风形成，具有决定性意义。

提及临济宗，有一人物值得介绍，此人即临济义玄的师父黄檗希运。

黄檗希运（？—855）是马祖道一的法孙，百丈怀海的法子。他幼年在洪州高安（今江西宜丰）的黄檗山出家，是开发出临济宗的首要人物。其《传心法要》《宛陵录》是禅宗史上的重要文献。沩仰宗祖师沩山灵祐曾问仰山慧寂："马祖出八十四人善知识，几人得大机？几人得大用？"仰山云："百丈得大机，黄檗得大用，余者尽是唱导之师。"沩山说："如是，如是。"黄檗承续了马祖、百丈之法脉，造就出以棒喝著称的临济。而经临济发扬光大，终而形成源远流长、遍地开花的临济宗。希运因住持黄檗山，世称黄檗。门下弟子、大唐名相裴休对其道风曾有一总评价："其言简，其理真，其道峻，其行孤。"希运"要度自度""超师之见""大唐国里无禅师"的做派，呈现出其气魄、个性与见识。而"大雄山下一大虫"与"羚羊无迹"的故事，则分明展现出他热辣与透脱的禅风机用。

黄檗传说故事甚多，仅举其一：大雄山下一大虫。

一次，正碰上黄檗从山下回来，百丈劈头便问："从哪里来？"黄檗回答："刚从大雄山下采菌子来。"谁知百丈又问："遇见老虎了吗？"

此问中显然大有禅机。黄檗灵气十足，即刻手舞足蹈地模仿起老虎，并学虎吼，哪知怀海随手抄起一把斧子，并作斫（杀）势。不意黄檗一个箭步蹿上，给了师父一巴掌。

奇就奇在百丈遭此一掴，反笑呵呵召集大家到法堂说："大雄山下有一只老虎，今后你们都小心些，老汉我今日亲遭他一口。"

所谓"临济棒喝"，其实最早源于此。而在这一师徒对局的开场中，百丈与黄檗都在展显自身的体验，但似乎都隔着一层，没有落在实处。只有在那一记响亮耳光落下时，在那面颊热辣辣的一阵，他们师徒两位都确确实实地感受到了真如佛性。黄檗敢学虎啸，实是见性开悟的一种真实表征；百丈心知肚明，更做斧斫之状，则显然是要勘验徒弟是否真的见性。

如其"羚羊无迹"的开示，其内涵与"羚羊挂角"成语一致，借喻禅之根本精神就在"无迹可寻"，更非文字语言所能及。黄檗用"羚羊无迹"一语，旨在呈显佛法空灵无滞。人们熟知的严羽《沧浪诗话·诗辩》，也以"羚羊挂角""透彻玲珑，不可凑泊"来评论诗之超脱禅境，其实就是深受佛理影响。而黄檗开示无非是要告知人们：学禅就如猎犬寻觅羚羊，虽无踪无迹，但可体味；虽无形无相，却妙用无穷。故黄檗还有“形于纸墨，何有吾宗”“惟是一心，更无别法”等故事，其禅机处处透露出后来的临济宗风。

黄檗希运，就是这样一个见识高深者。就连光王李忱（后来的唐宣宗）出家在他门下时，也曾有一次，两边脸颊各挨他一巴掌。故黄檗圆寂时，皇帝仍忘不了这两巴掌，而想赐他一个“粗行沙门”的号。只是裴休在一旁反复解释，说“那是打掉皇上您心中的分别心”“那是一种前后际断，灵明不昧之禅境”，宣宗皇帝这才释然，重新赐黄檗“断际禅师”谥号。

一、临济树帜，法筵龙象

看 听

义玄（？—867），本姓邢，曹州南华（今山东菏泽）人，早年出家即至江西参希运，在黄檗门下以“行业第一”而闻名。然而，就是这位临济宗的创宗者，曾在黄檗门下三次参问“如何是佛法大意”而三次遭黄檗棒打。义玄初入黄檗希运门下，并未能契悟佛法真谛。他继又参大愚、谒沩山，再回到黄檗门下，几经转折，终得黄檗希运印可。

义玄南下行脚至黄檗山。当时黄檗的道场，常有几百僧人，义玄在如此道场中，不过一个平常晚辈，并无特异处，自无人关注。黄檗首座弟子陈尊宿，发现义玄内心世界异常宁静，且透出一种超拔之气，是可造就的禅门僧才。陈尊宿心中暗忖：此年轻比丘有大丈夫之相，若不开发，任其默默无闻，实在可惜。故问义玄：你在此地有多少年？义玄说：三年了。陈尊宿问：你向黄檗请教过佛法吗？义

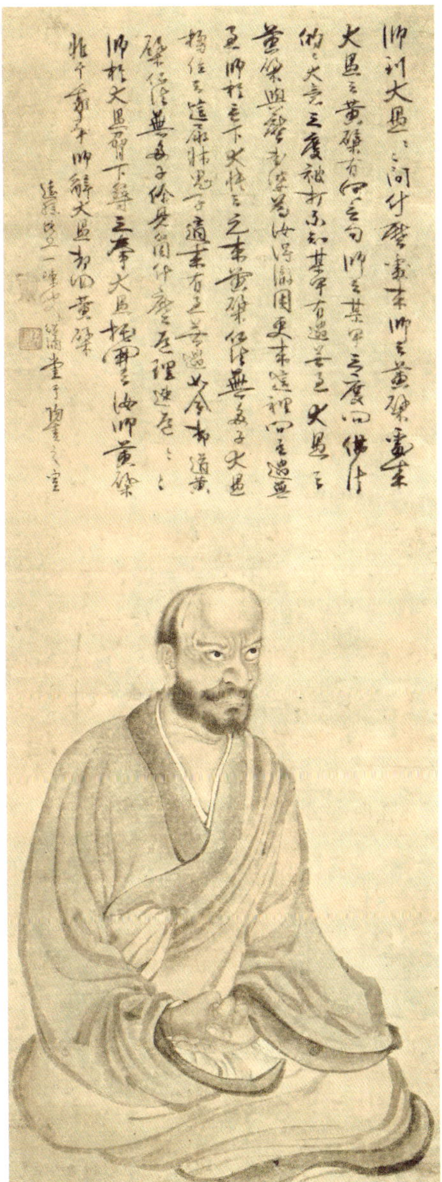

黄檗希运像

玄答：并无，我亦不知问什么。在陈尊宿看来，义玄不知问什么，正是接下来参禅悟道的好消息。陈尊宿不禁暗喜：在黄檗棒下，这位年轻比丘定会有好消息的。于是，他即刻鼓励义玄去黄檗处，并告诉义玄：你只须向黄檗问如何是佛法大意。在陈尊宿鼓励下，义玄来到黄檗方丈室，问黄檗："如何是佛法的大意呢？"话音未落，黄檗便举棒打下，义玄吓得头脑空白，何有见道开悟之谈？

义玄回僧堂，陈尊宿看他犹有所思不得其解的样子，随即问道：如何？义玄十分困惑地说：我问话未完，黄檗举棒便打。陈尊宿见此状，仍鼓励义玄：做事岂能半途而废，你无须害怕，可再去一问。年轻的义玄又一次向黄檗发出如何是佛法大意之问，黄檗依然板起面孔，举棒就打。果不其然，义玄又一次被打了出来。如此，三次发问，三次被打。年轻的义玄，依然未悟解佛法大意。义玄再次来到陈尊宿处诉说：您鼓励我前去问佛法大意，可我三次发问三次被打，我自恨业障深重，不能体悟佛法大意。我的因缘或许不在此地，我欲离开此地，去别处学习佛法。陈尊宿说：既如此，你临走前须与告个别。然后陈尊宿提前来到黄檗处，向黄檗诉求：那位问话的年轻比丘，虽属后生，然根性却十分奇特。如明日他来作别，还请师父方便接引他，如若用心栽培他，他将来必能成为一株参天大树，覆荫天下。

义玄悟道后随黄檗淬炼经年，道业成熟后向黄檗告辞。黄檗问："你要去何处？"义玄说："不是河南，即是河北。"好一个黄檗，又一次拈起拄杖便打，义玄手捉师父拄杖，说："别再盲枷瞎棒，恐要打错人了。"黄檗手释拄杖，斩截地对义玄说道："此后,你可教化一方了！我且将百丈的禅板几案，全都交付与你。"然后呼唤侍者拿出百丈的禅板几案。义玄呼唤侍者："侍者，给我拿火来。"黄檗欣慰一笑，告诉义玄："你只管去吧，坐一方道场，定会坐断天下人舌头的。"义玄得师父深许，始展开身手，一路来到镇州（今河北正定）。在镇州城的东南角，有一河流，名滹沱河。滹沱河边有一座小院，因其临近渡口，当地人就称其为“临济院”。年轻义玄似觉佛缘在此，便立定脚跟驻锡该院。

义玄驻此临济院，广开禅门教化，接引有缘众生，不久，临济院即成一远近闻名之大道场。人们称他为临济，他所开创禅门宗派，就是临济宗。此刻的历史，已推进到唐大中八年（854）了。

在禅宗史上，人们总把“棒喝”宗风归于临济义玄。临济宗常以此棒喝手段，来开示佛法大义，且形成十分通常之禅风。

禅宗发展到临济这个时代，禅史上已经很少用“即心即佛”这种术语，而以新方式来表达佛法根本大意。义玄推出的新概念有“无位真人”“无依道人”“历历孤明听法人”“里头人”等等，其宗旨仍在“立处即真”的平常心是道。《临济录》中的根本思想主张之一即“无事是贵人”，这是临济禅髓：自性圆满，与佛无别；不须造作，本来现成；饥餐困眠，日用是道；有求皆苦，歇即无事；不求师家，不求经论。一句话：无事是贵人。

二、无缚无脱，黄龙机关

从唐到宋，临济宗仍以“遍天下”势头演绎发展着。时至 11 世纪上半叶，即宋真宗、仁宗时代，从临济分叉而出的黄龙派，又一次掀起临济宗的一个高潮。临济宗下传七代即为黄龙慧南，从临济义玄到黄龙慧南，这一传承的法脉是：临济义玄—兴化存奖—南院慧颙—风穴延沼—首山省念—汾阳善昭—慈明楚圆—黄龙慧南。黄龙慧南弘法行化 30 余年，几乎全在江西境内，然其影响却遍及全国，播及日本、朝鲜半岛以及东南亚一些国家。

慧南（1002—1069），临济宗黄龙派的创始人，信州玉山（今江西玉山）人，本姓章，世称黄龙慧南。慧南初学禅宗云门宗，后承法于临济宗传人楚圆。慧南主张“真如缘起说”，认为宇宙万物都是“真如”派生的，所以“极小同大”，于一毫端，现宝王刹；“极大同小”，可纳须

修水黄龙山上的映山红

弥山入芥子中。慧南后至湘鄂赣三省交界的黄龙山崇恩院（今修水黄龙乡境内）开创出黄龙派，为中国佛教禅宗五宗七派之一，临济宗下的一派。

说起黄龙派，人们总喜欢用"黄龙三关"来总结其特色。从黄龙慧南禅法看，他对参禅者的开示，尽管每次内容都非常丰富，但大多就涵括在"黄龙三关"之中。黄龙慧南常问学人的第一句："人人尽有生缘，上座生缘在何处？"看似平常。可正当学人犹豫不决时，他会突然伸出手，问学人："我手何似佛手？"学人依然是困惑不解，接着，他又伸出脚，问学人："我脚何似驴脚？"30余年，黄龙慧南常常用这三个问题接引学人，学人难有契其意者。此特色被天下丛林称为"黄龙三关"。宋人参禅，喜参自由活泼的"活句"，此已然成为其时的禅林风气。

有人问黄龙慧南："如何才能透过您这三关呢？"黄龙慧南说："已过三关之人，自由自在，无缚无脱，哪有什么官吏？若向官吏求过关，这正是未过三关之人。"从禅宗史上看，百丈怀海的"三句"、临济义玄的"三玄三要"、云门文偃的"云门三句"，乃至黄龙慧南的"黄龙三关"，都充满着活泼透脱、随机任运的玄机。

关于"黄龙三关"，学人有各种各样的回答。对于学人各种各样的回答，黄龙慧南从来不说是对，也不说是错，只是安然静坐，学人莫测其意。他有《三关总颂》：

生缘断处伸驴脚，驴脚伸时佛手开。
为报五湖参学者，三关一一透将来。

原来，黄龙慧南之所以不回答对错，是因为他要让你真正悟解：说得再对亦不是，唯独亲证方乃知。

黄龙慧南门下高僧辈出，从亲承弟子到再传弟子，遍及天下。史传黄龙得法弟子就有76人，且各为一方宗主。影响较大的有宝峰克文、黄龙祖心、东林常总等。常总、思度师徒还将东林寺建成黄龙禅法的传播地，对庐山禅宗做出了大贡献。常总嗣法弟子就达58人，多在庐山东林寺、圆通寺、万杉寺、开先寺传法。其时，克文在著名的庐山归宗寺传法，成为后世衲子楷模。十分有趣的是，其时名士如王安石、张商英、张九成及“三苏”父子等，亦为黄龙派的方外居士。可见黄龙一派早已形成自己的禅宗文化。

北宋元丰七年（1084），苏东坡上庐山参拜东林常总，在相见甚欢的禅悦气氛中，常总让苏东坡在自然风光中体验禅之美妙，以此感悟佛法真谛。当夜，东坡悟极有感触地写下了著名诗偈《赠东林总长老》：

溪声便是广长舌，山色岂非清净身？
夜来八万四千偈，他日如何举似人？

该诗彰显了佛法的“自然三昧”。东坡在庐山连续多日，禅机大开。庐山上的最后一日，常总仍陪伴在东坡身旁，他俩极有兴致地观瞻了庐山风景。此刻，东坡再次灵感顿现写下《题西林壁》：

横看成岭侧成峰，远近高低各不同。
不识庐山真面目，只缘身在此山中。

千古名句，全在黄龙禅风的激荡中洒然而出。

在黄龙禅文化的魅力感召下，连高丽国师亦欣然向佛，皈依黄龙五世育王介谌门下。黄龙禅文化在朝鲜也广为传播。著名的日本僧人明庵荣西，亦拜黄龙派第八世虚庵怀敞为师，南宋绍熙二年（1191）学成回国即被升为僧正，在日本弘扬黄龙宗风，使黄龙后裔遍布日本全国。黄龙宗通过日本、朝鲜传到东南亚，又从东南亚远播欧洲、美洲等地，使黄龙宗信徒遍布全球。

三、随方就圆，杨岐风生

杨岐派是临济宗的另一支派，它与黄龙派几乎同时兴起于北宋年间。由于开创者方会在杨岐山（今江西萍乡地区）倡导举扬此宗家风，禅宗史上一般称其为杨岐派、杨岐宗。

可以说，没有杨岐派的存在，也就没有临济宗的延续及其在历史上的盛名。传说仰山慧寂曾有一谶语："临济一宗，至风而止。"临济宗创始人义玄自离开祖庭黄檗山，到河北正定立下基业，便传至兴化存奖，再传南院慧颙，待三传到风穴延沼时，刚好应验慧寂那句谶语，呈显衰微之势。当风穴垂涕而传于首山省念时，跟随省念的禅众只有 20 多人了。好在省念的弟子汾阳善昭力挽颓势，有所作为，但毕竟势单力薄。这一曾盛极一时由南方流向北方的临济禅，境况终不如前。宋仁宗时，临济宗开始寻找发展契机，重新南迁，并日渐活跃。这多亏了善昭找到一位

萍乡杨岐山山门

好弟子——楚圆，因其驻于湖南浏阳石霜山的崇胜寺而得名“石霜楚圆”。就是这位“知见可兴临济”的楚圆，又带出两位高徒，此即杨岐、黄龙派祖师方会与慧南。故其作为临济第七代传人不负众望而深受丛林尊重，于是临济宗风再度大扬。而石霜楚圆的弟子方会，接续临济法脉弘演——杨岐派，人称杨岐方会，他也成为临济宗的第八代宗师。

方会（992—约 1049），本姓冷，袁州（今江西宜春）人，中国宋代禅僧、杨岐派宗师。因方会住袁州杨岐山普明禅院（今江西萍乡上栗县杨岐山普通寺），故名。方会从小机警聪明，20 岁时，仍不喜读书作文，后为小官，因征收商税督促不力，而夜逃瑞州九峰山（今江西上高），恍恍惚惚似觉以前曾游览此地，眷恋不忍离去而落发为僧，不久往潭州（今湖南长沙）参石霜楚圆。

杨歧方会不仅在观机逗教中注重“反璞归真”，其日常生活，更是简朴。据《宗统编年》载：方会当时的生活如此简陋，隆冬时节，竟是“雪霰满床”，如何居住？实是“居不遑处”而又无有去处。学人前来助其修造原屋，遭方会拒绝，理由是“时当减劫”而又变迁不常，此情此景，安得圆满如意而自求安足？他告诉这些学道之人，修行要紧，哪有这等闲工夫去造屋。究其实，方会的生活方式就如同他的禅法一样，安之如素，朴素自在而一意精进。想来，方会纯然是个抛弃外在浮华，而注重实质的禅僧，但求真

萍乡杨岐山普通寺

修实证，返璞归真，如此而已。

杨岐方会说法49载，讲经300余会，无不是心地之法——从心向外流出智慧法音。而杨岐精神“一尘才举，大地全收”。在朴实平淡的人生具象中寻觅本性所在的灵明之境：素朴自有素朴的高明，素朴自有素朴的智慧，只有不求奢华，因势利导，才可更好地利用当下条件而开启禅者的自性之门。故方会对学人的接机方式，大有“有马骑马，无马步行”的随方就圆、触事即真的自由方便、不失本真的素朴精神。这也

萍乡杨岐山风景

形成了他不同于临济宗另一派（黄龙派）以较固定模式启悟学人的痛快淋漓、不容拟议之禅门宗风。

杨岐方会有嗣法弟子 12 人，其中以白云守端（1024—1072）为上首，方会晚年曾以"临济正脉付守端"。守端随侍方会多年，有《白云守端禅师语录》流行于世。后游访庐山，在归宗寺修禅，并于庐山圆通寺参谒云门宗居讷。居讷推荐其住持江州承天寺。守端此后名声日著，居讷不久又将圆通寺交由守端。守端有 12 个嗣法弟子，其中以法演最为著名，有《法演禅师语录》三卷传世。法演的法嗣则有 22 人，佛果克勤、佛鉴慧勤、佛眼清远三人被称为法演门下“三佛”。三佛中克勤成绩最大，禅史多以得法演真髓者为克勤。宋高宗亦曾诏克勤入对，并赐号“圆悟”。克勤曾使杨岐宗风大振，其嗣法弟子达 75 人之多，法脉以径山宗杲、虎丘绍隆两系最旺。径山系传衍为灵隐与北涧二支，虎丘系则演化为松源、破庵二支。后临济宗能从衰微之中再度步入鼎盛时期，其最为得力的人物当数大慧宗杲，他曾辗转于江西、湖南等地传法。在世时宋钦宗赐号“佛日”，圆寂后宋孝宗赐谥号“大慧”。就临济宗的演绎而言，他在嗣法圆悟克勤时，就以其极富特色之“变奏”而张扬出“看话禅”，使临济禅进入到一个新历史阶段。

杨岐派曾于宋元时期传入日本。据考，镰仓时代的日本禅宗有 24 派，其中 20 派就传承自杨岐法系。有一则传说故事，是说日本学僧村田珠光，学成回国时将克勤书写的“茶禅一味”条幅和解释禅理的手卷装在大竹筒内带回日本，在即将达到日本口岸时，不幸风起，船翻人亡，但克勤书写的条幅装在竹筒内却安然无恙，漂到奈良岸边，被安国寺一休（宗纯）和尚发现捞起，一休和尚从此刻苦参究，终成一代高僧。一休和尚作为杨岐派弟子，最能把握随方就圆的杨岐禅旨并形成自己的独特禅法，如：放轻松些，成为自然的就是一切。一休对日本近现代禅学有莫大功劳。

第七章 『五位君臣』曹洞宗

"WU WEI JUNCHEN"

CAODONGZONG

曹洞宗由石头希迁、药山惟俨、云岩昙晟、洞山良价、曹山本寂五代禅者，代代相续培育造就。石头希迁是此系思想的源头，得其正传的是著名禅僧药山惟俨。而药山惟俨法嗣七人中如雷贯耳者就有道吾宗智、云岩昙晟、刺史李翱等。开曹洞宗的祖师洞山良价，则是直接承自云岩昙晟。在唐代，经多代禅僧努力而终成一个派系，乃平常之事。唐代是中国禅宗一个特殊的朝代，南禅五宗无不发源于此，曹洞宗起始就得益于这个朝代。

一、洞山良价，曹山本寂

“洞山”，又名新丰山，位于今宜春市宜丰县中北部，称众山环抱的窝地为“洞”，这是当地方言文化所致。实际上，就地形而言，洞山属九岭山脉边缘一小盆地，周边九座山岭蜿蜒环抱而呈“九牛奔槽”之势。一进其中，便可见那古树参天，还能听到溪流潺潺之声。方圆十里的洞山，海拔仅 300 余米。小小洞山，著名海内外，全因那良价的到来而成为曹洞宗发祥之地。

曹洞宗的创始人洞山良价（807—869），会稽诸暨（今浙江诸暨）人，本姓俞。《五灯会元》将其列为青原下四世，云岩昙晟的法嗣。他幼年在当地村院出家，院主教他念《般若心经》，当读至“无眼耳鼻舌身意”处，就产生了疑问：“我有眼耳鼻舌身意，何故经言无？”院主不能答，知良价非寻常之人，便将良价亲自带到婺州（今浙江金华）五泄灵默处。灵默是马祖道一的弟子，他给良价剃度，却未能消解良价的疑问。灵默又将良价推荐给马祖道一另一高徒南泉普愿。灵默说：“寻取排择下，问取南泉去。”良价辞曰：“一去攀缘尽，孤鹤不来巢。”南泉普愿预言他将来“有雕琢之分”，意即大可雕琢之才。

洞山良价在辞沩山灵祐时有个著名故事：“无情说法”。经云：“情与无情，同圆种智。”从这里透入的良价禅法，似乎更易把握。良价在拜访南泉普愿听到那句“有雕琢之分”的话后，其实一直有疑问萦绕在心头。于是，他带着心头之疑踏上参访名师之路，先后师事或参学过沩山灵祐、鲁祖宝云、南源道明、东京兴平、百岩明哲、潭州龙山、云岩昙晟等禅宗尊宿。最终，他在云岩处破解了“无情有情”之分别，那一瞬间，他竟然情不自禁地唱道：“也大奇，也大奇，无情说法不思议。若将耳听终难会，眼底闻声始得知。”此刻，他欢喜如“粪堆头拾得明珠”。此语喻示禅宗将自性比作明珠，将学人识得己之本性喻为拾得明珠。“粪堆头拾得明珠”，即指摆脱遮蔽迷失，既然未彻底开悟，那就继续云游参学吧！于是他从湖南进入江西境内，行走于赣西美丽的山水之间而心有所动。

一次良价禅游涉宜丰洞山一溪水，良价亲睹自己在水中的倒影，瞬间大悟，于是写下开悟偈：

切忌随他觅，迢迢与我疏。
我今独自往，处处得逢渠。
渠今正是我，我今不是渠。

应须与摩会，方得契如如。

良价的这首开悟偈，已然呈显他的开悟境界，并为他日后创立曹洞宗奠定了基础。开悟后的良价，来到江西靖安泐潭（宝峰）寺编《大乘经要》。

唐大中末年（847—859），这位气象一新的禅宗高僧优游至其时还隶属高安的洞山，在当地乡绅雷某的护持下，神速般创建了普利院，紧接着便开宗弘法，接引学人。从此，“洞山”二字与“良价”二字便连为一体——“洞山良价”。曹洞的前奏曲，就这样奏响了：此段大行禅法的历史，约16年之久。

本寂（840—901），本姓黄，福建莆田人，早年习儒，深受儒家思想熏陶。他19岁在福州灵石山出家，25岁受具足戒。唐咸通年间中期，他来到宜丰洞山，参学良价。

初次见面，良价问本寂的名字，本寂以“本寂”对。良价问他“向上更道”，本寂说：“不道。”良价问：“为什么不道？”本寂说：“我不是叫‘本寂’。”这个颇具深意的回答让良价十分满意，他开始器重本寂并让他进入密室。本寂依止良价的几年间，得其宗要。辞别洞山时，良价问他将去什么地方，本寂答道：向那不会变异的地方去。良价接着问他：那不变异的地方哪里有去路呢？本寂说：去那也不会变异。离开洞山后，本寂先往广东韶关曹溪，礼拜六祖塔。然后回到江西，在吉水应众僧之请，逗

宜黄曹山本寂塔

留一段时间，不久来到宜黄县。一夜，本寂梦见六祖在他手上写下"心坚石穿"四字后，遥指东北方。本寂深会其意，终于在抚州宜黄县城西郊 13 公里的陈坊村荷玉山，寻到酷似曹溪的圣地——何王观。当地居士王若见本寂心诚志坚，立马舍观请其住持。本寂改何王观为荷玉寺，为表达承继曹溪法脉之意，又将其所住山头改名为曹山，所住禅寺自然是曹山寺（后为曹山宝积寺）。本寂在曹山一住 20 年，弘扬洞上宗旨，一时学侣集聚，宗风大振。

在良价的禅法中，已然创立了"偏正五位"论。而"五位君臣"说，则是本寂在良价"偏正五位"理论基础上创立的体系。从义理承续关系上看，曹洞最重要的思想基础也许是石头希迁的"回互"观。希迁受道家魏伯阳《参同契》影响，后自著《参同契》并以"明""暗"互摄来讲明"理"

三聖殿

宜黄曹山宝积寺大雄宝殿

与“事”之间的相互关系。所谓“明中有暗”“暗中有明”，意在告诫人们切不可偏于一隅。良价据此创出的“偏正回互”命题，其核心当在“理事融合”。所谓“君臣五位”，是指君位、臣位、君视臣、臣向君、君臣合，可见它实际上是一种哲学象征。只有“君臣道合”、上下一心才是“事理俱融”的确切表征，而在曹洞义理中，“事理俱融”才合乎“大道”。曹洞宗的禅僧们为了打破概念框架难以透入的弊病，甚至发明了各种图示让学人理解并体验理事关系的复杂层次。后人将这一洞山宗旨及其特色概括为：君臣道合，正偏相资。“家风细密”的曹洞宗，就此形成。

下面一例，或可说明曹洞“事理回互”“法无定法”之宗风。有一次良价和密师伯过河，良价问密师伯过河有何感想，密师伯只说没有打湿脚。良价则言，应说脚没有打湿。对良价而言，两种说法虽然在本质（理）上是一致的，但“没有打湿脚”显然是将着眼点放在“水”上；而“脚没有打湿”，其着眼点则在主体之“脚”上。

看

听

二、道膺匡仁，光大曹洞

曹洞宗能长久延续慧命，发扬光大，得力于一大批中坚人物。而云居道膺与疏山匡仁，则是其中代表。

云居道膺

云居道膺（853—902），幽州（今河北）蓟门玉田县人，本姓王。他幼年出家于范阳延寿寺（今河北保定涿州），25岁即成有名气禅僧。他曾叹曰："大丈夫岂可桎梏于律仪！"后入终南山的翠微山问禅要，不久又往参洞山良价，契悟宗旨，遂嗣其法。学成后初居三峰山，再住云居山，广接四方禅者，故有"云居道膺"之称。道膺开堂讲学30年，徒众常达千余人。而第一次在云居讲堂开山说法，他即重申良价遗训。正是他使云居山成为曹洞宗的大道场，成为地域文化中的禅宗圣地。道膺于唐天复二年（902）正月三日示寂，谥“弘觉大师”，塔号圆寂。

造访洞山禅门宗匠良价，成为道膺一生历程中的大事。作为洞山的早期门人，道膺约在唐大中年间即已来到洞山。一日，道膺向良价举说南泉勘僧的故事，陈述完后便问洞山良价：天上无弥勒，地下无弥勒，这两句话到底是谁说出来的？良价被道膺这一问，当即说道：你今天在这里问我的这个问题，我也曾在云岩处问过，今日又被你这一问，直让我通身汗流啊！可见，这一问题意义重大。后来道膺结庵于宜丰城西的三峰山，在那儿隐修，经常十几天不回寺院过堂（用斋）。良价问：你近日如何不过来吃斋？道膺答道：我每日自有天神为我送食。良价一听，便呵斥道：我还说你是个和尚，居然还持这个见解？你晚间再来趟吧。到了晚上，道膺来到丈室。良价召唤道：“膺庵主。”道膺应声而诺。然后，良价举述了当年六祖惠能向道明和尚开示的那两句话：“不思善，不思恶，是甚么？”道膺只能回庵悟道去，终日寂然坐禅，而所谓“天神”从此也不见了，连续三天后影子也无。

就在道膺造访云居山时，那位在禅史上赫赫有名，并常让人“喝茶去”的从谂也来到云居山。云居山原名欧山，位于永修县西南，因山上长年云雾缭绕而得名。“云居拥翠”为古“修江八景”之一。唐元和三年（808），道容在此山创建禅院，初名“云居禅院”。北宋大中祥符元年（1008），宋真宗亲自书写“真如禅院”的匾额以赐，“真如寺”之

永修云居山真如禅寺

真如禅寺匾额

名一直沿用至今。道膺来到云居山，“法轩大敞，玄教高敷”，云居山不久便成为曹洞宗大道场。而道膺能成为曹洞宗核心人物，不仅在他一脉相承地接续了曹洞偏正五位的“回互”禅法，更在于他对理事关系十分到位的把握。他以自己视角得出命题：一法诸法宗，万法一法通。道膺十分巧妙地用了一个“宗”字，意谓这个“一法”本体，是“万法”之宗、之源。

就是这位屹立曹洞的顶梁人物，一生当中，多次为护持曹洞禅门耸然而立。一次，有支军队大闯云居山，僧人纷纷逃散，唯独道膺安坐禅堂，巍然不动。统军未施礼即坐于道膺面前，

责问道膺道："世界何时得安？"道膺答曰："待将军心足。"统军一听便汗颜，立刻礼拜道膺为师。

疏山匡仁

疏山匡仁，是晚唐江西金溪疏山寺僧人，亦是唐代诗僧。匡仁字圆照，号白云，吉州新淦（今江西新干）人，生卒年及本姓不详。他早年投抚州元证出家，受具后，出外参

永修云居山

学。于东都听经，得人指点，赴江西宜丰洞山，师事良价，承嗣其法。良价圆寂后，继游大鸿、福州、婺州、夹山，遍参高德，终住金溪疏山，建白云禅院，即今抚州金溪的疏山寺。生前自造墓塔，预定圆寂日期。及逝，葬本山。传徒甚众，各自开山立寺，弘扬曹洞宗风。

匡仁求学参拜良价，他问的第一句话就让良价吃惊：请师父垂示从未有过的言句。“示诲”是垂示教诲之意，求教于他人，却规定他人讲什么。故此问禅机甚深，良价心知肚明，故机锋对机锋，说："我说出来是可以，但若不得像你这样的禅者承诺听信，更有何人肯信呢？"其意在：你今来并非诚心求教，谁又愿意真心开示。疏山不肯作罢，又问："你既不开示，又岂有功勋在？"其意为既不可言，还可行否？此明为逼人，实含"陷虎"之机。良价反问一句："你即今还功得么？"意思是，你刚才要我开示未有之言句，我既无功，你难道就可以之为功吗？匡仁无松懈之意，接着说："既不为功，你也就没必要避讳说什么了。"后来，良价再上堂开示时，再度提起此事，说如果要真透知此事，须得"枯木生花，方与他合"。

多年的禅游，使匡仁成为一个饱参之士。然而，最终他还是回到抚州，先住持蓝田寺，后住持疏山寺，大扬曹洞宗风。

历史上这座疏山古寺，对书生学子们的吸引力可谓巨大。南宋大儒陆九渊，整整 3 年在此苦读经书，同时体验禅林生活，成为他创立心学的一大渊源。

三、义脉远续，曹洞中兴

道膺门下有弟子28人，最著名者有道简、道丕、道昌、怀岳等。这些弟子的活动区域主要在赣、浙、湘、皖等地。道膺所传，为曹洞宗的洞云宗派。曹洞宗的流传，主要是道膺一系的流传，自唐至今，一直延绵不绝。这一系的传承主干为：洞山良价—云居道膺—同安丕—同安志—梁山缘观—太阳警玄—投子义青—芙蓉道楷。此下，特别值得提起的则是天童如净与报恩行秀，此二人为曹洞门下的两大宗匠。天童如净曾将道楷和尚传持的袈裟以及曹洞经典《宝镜三昧》《五位显诀》付与日本僧人永平道元，让"大阐一音，广弘万品"的曹洞宗开始了它的东渡扶桑之行。其实，曹洞创立之初，日本僧人瓦室能光即向良价学禅。新罗利严后亦来华参礼道膺，回国后即创韩国曹洞宗须弥山派。高丽庆甫则从匡仁学禅，归国后大力弘传。有宋一代，日本的道元在天童如净处尽得曹洞妙旨后，即归国创立日本曹洞宗，并大规模地将曹洞一系在日本发展得如火如荼，其法脉延续至今。

其实，推动曹洞中兴的不仅有云居一系，还有无明慧经开创的寿昌支脉（江西黎川寿昌寺为其弘化基地）。世称慧经为“曹洞中兴第一人”。慧经的中兴已是明万历年间的事了，他对曹洞宗贡献巨大。而此前，秀峰常锦等分别在永修、上高、高安、奉新、乐安等地大力弘扬曹洞宗风，世人称其为“云居系”。

洞山弟子传承深远的除疏山匡仁一系，另有青林师虔与龙牙居遁两系。此两系将曹洞宗传至中国北方，恰与五代至宋初南传的临济相遇。而疏山匡仁一直在江西开法，时间长达40多年，弟子众多，著名禅僧就有20多位。其法系亦远传新罗，影响巨大，为曹洞宗的长盛不衰做出了重大贡献。

第八章 『截断众流』云门宗

"JIEDUAN ZHONGLIU"

YUNMENZONG

中国禅宗五家之一的云门宗，发源于广东省韶关市乳源县云门山光泰禅院，由文偃创立。文偃创宗之前在江西参学、开法多年，早已形成自己的禅风。他是晚年才去广东云门山的。在禅宗史上，江西这块土地是云门发源之地。

云门宗的传承法系为：石头希迁—天皇道悟—德山宣鉴—雪峰义存—云门文偃。云门宗创自五代时期，兴盛则在北宋。对云门禅系做出过大贡献且与江西有关联的禅僧有云居晓舜、洞山晓聪、佛日契嵩、圆通居讷、云居了元等。虽然此宗只延续了两个世纪左右，南宋时已开始衰微，但北宋时期的大儒名士与他们交道之深，让人对云门宗肃然起敬。欧阳修曾入圆通寺参谒居讷并共相“论道”，周敦颐与云居了元为“方外之交”，苏轼、苏辙、秦观等文人也都与了元禅僧有交往。

一、云门三句，文偃立宗

云门文偃（864—949），云门宗的创始人，本姓张，姑苏嘉兴（今浙江嘉兴）人，少怀出尘之志，15 岁出家，24 岁受具足戒。慧洪《禅林僧宝传》赞其“精锐绝伦”。虽然在禅学上他直承了曹洞“即事而真”的理念，但实际上亦曾受到黄檗希运的影响，参访过江西的曹山、疏山、归宗等寺，与曹山本寂还有过机锋相拄之辩论。文偃一生遍览佛典，深究四分律，谥号“匡真禅师”“觉化大师”。

这样一个饱学饱参之士，其禅法以“云门三句”而著称。哪三句？其门徒德山总结为：

> 函盖乾坤，截断众流，随波逐流。

世间万物，各具个性，各有所属。若要使其相互无碍，无“函盖乾坤”之胸怀，怎得其成？而“截断众流”，则是对耽于教条、执于形式、迷于文字之禅者的当即“斩断”。“随波逐流”，则是针对颇有禅机且辩才伶俐者的一种对症下药，来者不拒。

云门以此而立宗，故禅史上以“孤危耸峻，人难凑泊”八字概其宗风。

二、斩断葛藤，识心达本

禅门“作略”二字，谓其应机接物之举措、机用。云门除那八字宗风外，还有另一手作略，此即“一字关”。以一字突然切断问者之思路，使其当下转机，无有所执，后人遂将此称为“一字关”。如一僧问：“如何是云门剑？”答：“祖。”另一僧问：“如何是正法眼？”答：“普。”……如此种种，不胜枚举。

无论是前面提及的“云门三句”还是“云门一字关”，云门作略无非是在教训弟子：禅修若是持续地执于无用之功，于禅悟只会越来越远。作为一个深受临济、曹洞两大宗派影响的人物，云门文偃有希运与义玄的气魄精神。而在禅法根基上，他更有曹洞“五位”学说的积淀。可见，云门宗是一个综合性极强的禅门新宗。

云门禅风，淋漓尽致地体现在流传极广的文偃“糊饼”故事中。僧问：“如何是佛法大意？”文偃回答：“面南看北斗。”继问：“如何是诸佛出身处？”文偃答曰：“东山水上行。”再问：“如何是祖师西来意？”文偃呵曰：“青天白日，说什么梦话！”显然文偃是以斩断葛藤的方法，截断学僧的意识之流。然学僧并不死心，变着法追问道：“如何是超佛越祖之谈？”文偃只答：“糊饼”。直接给你一块“糊饼”，旨在堵你流转不止的意识与分辩，让你返观心源，识心达本，明心见性。

这就是与“赵州茶”“德山棒”“临济喝”并列的禅林四大门风的“云门饼”之来历，它完美地契合了云门“截断众流”的禅旨。对文偃而言，截断众流后，自然乾坤涵盖，“日日是好日”，别无用心处，顺其自然来。故其又留下了人口相传、禅意极深的好诗：

春有百花秋有月，夏有凉风冬有雪。
若无闲事挂心头，便是人间好时节。

后来，对禅学有兴趣的学人还将这首诗谱成歌曲，流传就更为广泛了。

三、儒禅契嵩，辅教归宗

北宋初，以“韩愈再世”自居的欧阳修，在读完《传法正宗记》后，掩卷长叹：“不意僧中有此郎耶！”指的正是宋代融通佛、儒，创佛、儒一体论的高僧契嵩。契嵩与江西禅宗的缘分很深，他早期曾花费 10 多年时间来往于各地而不得法，直到他成为洞山晓聪门下弟子受传云门禅法，才大显身手。就是这位曾在江西袁、筠两州（今宜春、高安）游历多年而开悟的僧人，成为一代“辅教归宗”的贤人达禅。

契嵩（1007—1072），本姓李，字仲灵，自号潜子，出生于镡津（今广西藤县）。他 13 岁时落发为沙弥，后受记于洞山晓聪。契嵩于洞山每夜必顶戴礼拜观世音菩萨法像，并诵念观音圣号满十万声。此后，契嵩智慧之门大开，世间儒、佛、道等经典章句，一见即

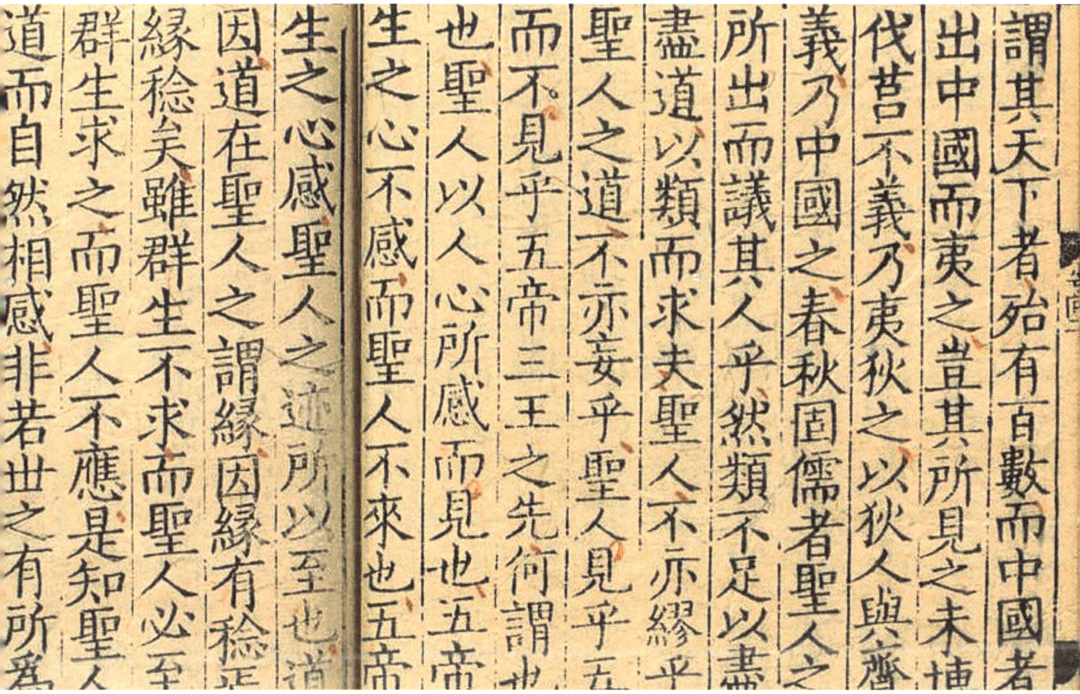
謂其天下者殆有百數而中國者
出中國而夷之豈其所見之未博
伐莒不義乃夷狄之以狄人與齊
義乃中國之春秋固儒者聖人之
所出而議其人乎然類不足以盡
盡道以類而求夫聖人不亦繆乎
聖人之道不亦妄乎聖人見乎五
而不見乎五帝三王之先何謂也
也聖人以人心所感而見也五帝
生之心不感而聖人不來也五帝
生之心感聖人之迹所以至也道
因道在聖人之謂緣因緣有稔
緣稔矣雖群生不求而聖人必至
群生求之而聖人不應是知聖人
道而自然相感非若世之有所為

契嵩《镡津文集》（局部）

窥其大意、通其要旨，这使他作文得心应手。他有《镡津文集》二十卷传世，曾作《原教论》《辅教编》《传法正宗记》，合三书共献于朝廷。北宋皇祐年间（约1051）入京师，两次作万言书上书仁宗皇帝，并将其所作《传法正宗记》《传法正宗论》《传法正宗定祖图》及《辅教篇》进献宋仁宗，仁宗赐号“明教大师”。契嵩博通内典，著名的《孝论》，即综儒、释于一炉的通论之作。

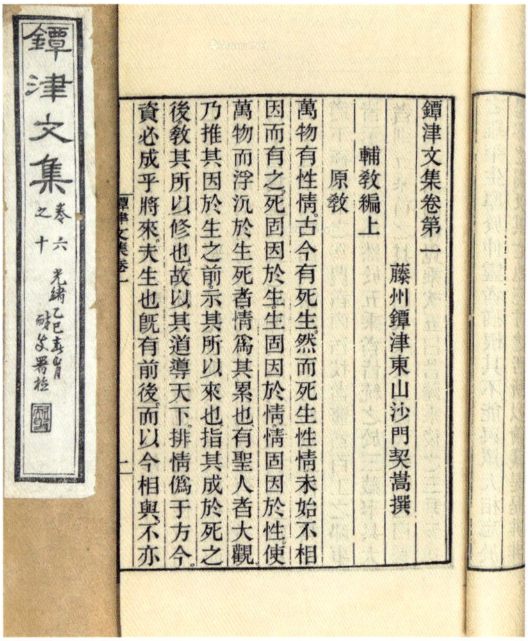

契嵩《镡津文集》

契嵩将佛教的五戒十善与儒家的五常仁义视为“异号而一体”，此为其将佛、儒一体化的重要理念。对契嵩而言，戒与孝的一体化是以五戒涵括孝之意蕴为前提的。他的孝论，总体上呈现出“融摄佛、儒而以戒为孝”的特征。契嵩在历史上有“一代孝僧”之称誉。

第九章 『理事相资』法眼宗

"LI SHI XIANG ZI"
FAYANZONG

看

听

法眼宗是五代末期至北宋前期极有影响的一支。法眼宗之所以在南唐、吴越时期广受重视并得到较大发展，其重要缘由即文益对经教都造诣颇深，又能在华严思想基础上形成一套自己的顿悟渐修的禅法思想。其体现出的"禅教兼重"，影响深远。文益是最早的一位以文字对禅门各宗之风格特征、门庭设施做出概括的禅僧。

一、清凉文益，禅风绵密

文益（885—958），本姓鲁，浙江余杭人。他 7 岁随全伟禅僧出家新定智通院，20 岁时受具足戒于越州（今浙江绍兴）开元寺，后至明州（今浙江宁波）育王寺从希觉律师学律。《景德传灯录》赞其："复傍探儒典，游文雅之场。"可见，文益不仅通大乘佛教各宗派，且广涉儒家经籍，以至其师希觉誉其为佛门的"子游""子夏"。后南方兴禅，文益便南下福州长庆院向慧稜学习。文益在地藏院得桂琛点化觉悟佛法，后至临川住持崇寿禅院。此地亦属曹洞宗的创始之地，前来学禅者常超千人。

文益强调的禅法是"理在顿明，事须渐证"，故其根本途径在"次第修行""直到三祇果满"。文益的那套顿悟渐修的禅法，是他在对华严"理事相资"理解基础上得出的，即"空"与"有"二者的统一、修持与自然的统一、妙察与无念的统一。而这最终成就了法眼宗“渐证”之绵密禅风。

其实，文益的开悟因缘，本身就是禅史中的范例，留下一个“若论佛法，一切现成”的故事：当文益在桂琛处参学数月而欲离开时，桂琛让他再留一段时间，但文益仍坚持要离开。桂琛指着门口一块石头问他：“门外这块大石在你心内还是心外？”文益回答：“心内。”桂琛接着说：“带着石头上路，不觉沉重？”文益无言以对，放下行包。桂琛继续点拨：“既然心包万法，有一块石头又何妨？”文益恍然有所悟，决定留在师父身边继续学法。如此近一月之久，他不断向师父呈述自己的禅学见解，却得到师父一句“佛法不恁么”的评价，绝望之下，文益说道：“某甲词穷理绝也。”这时，师父开示说：“若论佛法，一切现成。”文益言下大悟。从此，他修行精进，成为禅门翘楚。后在临川崇寿禅院大开禅法，形成了极为圆融的绵密禅风。

如在临川崇寿禅院时，有学僧问文益：“指即不问，如何是月？”文益反问道：“阿哪个是汝不问的指？”又有学僧问：“月即不问，如何是指？”文益答：“月。”学僧又问：“学人问指，和尚为什么对月？”文益答：“为汝问指。”显然，“指”

是譬喻佛教指引学人领悟佛法之“言教”，而“月”则譬喻学人须领悟之佛法。禅僧以手指向学人指示月亮，学人因禅僧的手指所指而看见月亮；然学人非常容易将禅僧手指当成月亮，也就是说，学人会把禅僧的言教当作佛法。而对文益来说，他要破除的就是学人的这种偏失。

二、宗门十规，针砭时弊

禅宗发展到文益这个时代，已是宗派林立，不少禅僧"任情真吐，多类于野谈；率意便成，绝肖于俗语"。文益深感这种弊端将有害于禅宗的发展。他下决心要针对当时禅门内"不通教典，乱有引证"的倾向，重申"援引教法"的重要意义。文益已然意识到此举乃是对中国禅宗初祖达摩"藉教悟宗"的呼应与回归。于是，他立作《宗门十规论》，对禅门时弊痛加针砭。所谓"十规"，实为十论。

在文益看来，禅僧既以"明心见性"为根本宗旨，那么，凡为宗师者，不仅须正确把握禅宗宗旨，还要能适应时机、场合，巧妙运用当下情境与语句，启迪学人"体证"禅门心要，切于理事关系，达于理事圆融之境。

三、法眼真源，崇寿家风

禅宗“一花五叶”中最晚出的是法眼宗。当年文益在临川崇寿院开法，众多高僧大德已然在此参禅得法，如天台德韶、报恩慧明、清凉泰钦、灵隐清耸、永明道潜、法安慧济、宝塔绍岩等等。文益所开法眼宗，是以临川崇寿院为第一道场的，禅史上有“崇寿家风”一语。

五代时，其弟子已遍布南唐、吴越之地。文益嗣法弟子 63 人中，最著名的德韶（891—972），曾有一偈：“通玄峰顶，不是人间。心外无法，满目青山。”文益激赏而称：即此一偈，可起吾宗。后德韶传弟子永明延寿，果使此宗昌盛于宋。仅在向来有“禅窟”之称的庐山上，文益法嗣中就有 10 多位于栖贤、归宗、圆通、大林、化城等寺开法。弟子中除德韶受到朝廷礼遇外，文遂也是受帝王尊崇的禅僧。文遂在文益处悟道后不久即离开法眼游学，初住吉州（今

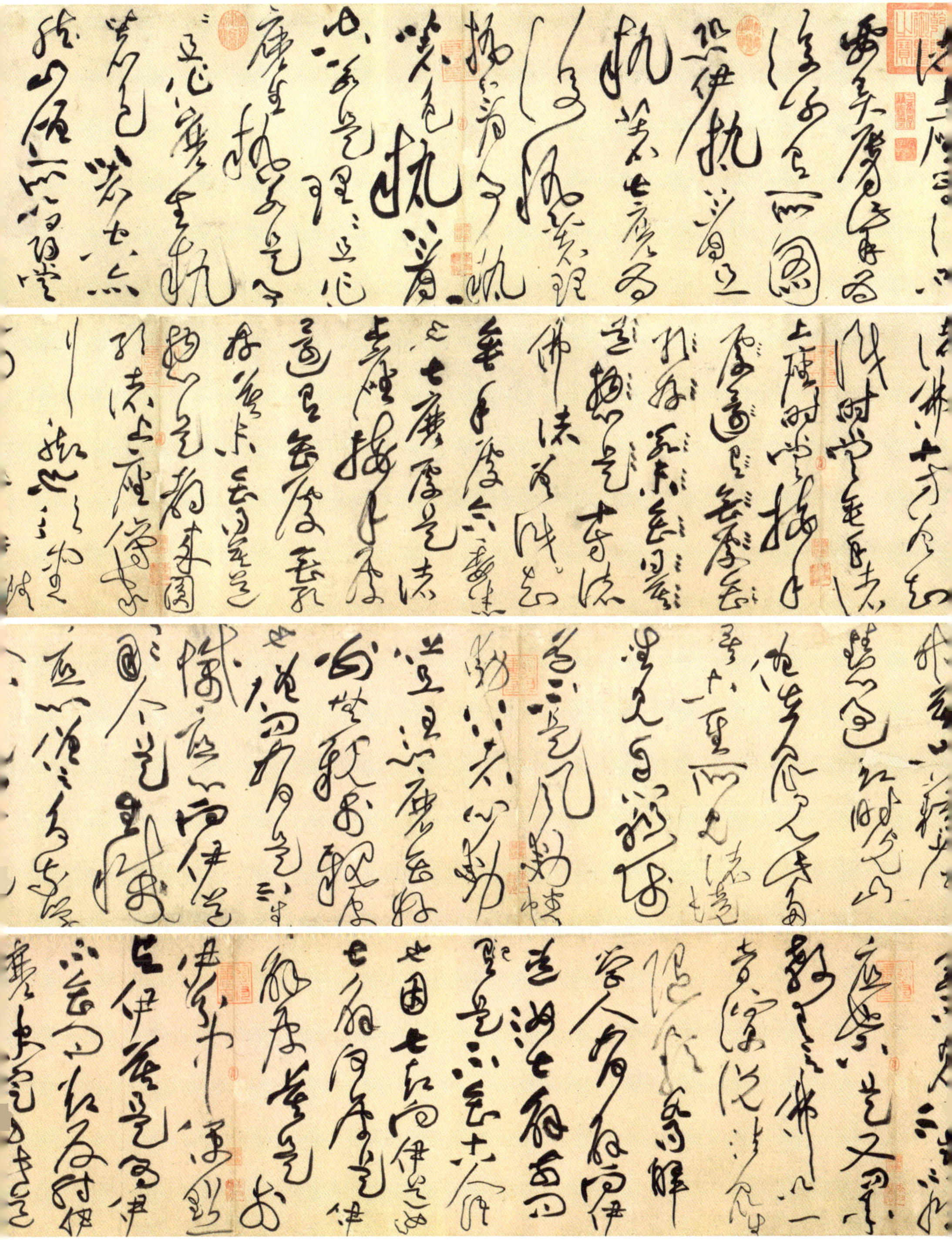

《诸上座帖》（局部）黄庭坚 / 北宋（故宫博物院藏）（此帖是黄庭坚为友人李任道所录写的五代文益的《语录》）

临川崇寿禅院

江西吉安）止观寺。北宋乾德二年（964），文遂应南唐李后主（李煜）之邀住持金陵长庆寺，此后又相继住持清凉、报慈两大道场，署号“雷音觉海大导师”。

然而，法眼宗从文益至永明延寿，三代嫡传，其后便趋于衰微乃至绝于中土。但是，永明延寿的36位高丽弟子，将其法脉真源弘传海外。

第十章　近现代以来的江西禅宗

JIN-XIANDAI YI LAI
DE JIANGXI CHANZONG

近现代以来的江西禅宗，虽不能与唐宋时期相比，但也不乏高僧大德。其中就出现了一位振兴天下禅林、接续五家法脉的高僧——虚云。其时，德森、法亮、法云等，也是江西禅门大德。而虚云的亲传弟子一诚，以及本焕、传开、体光等，也属近现代江西禅门翘楚。

此外，居士中对禅宗有贡献者如詹励吾，在 20 世纪 50 年代捐资重兴云居山真如寺。文人名士中亦有学禅者，如文廷式等。

一、虚公伟岸，肩担五宗

虚云（1840—1959），本姓萧，名古岩，又名演彻，字德清，号虚云。他祖籍湖南湘乡，生于福建泉州。他家学渊源深厚，少时即读佛书，读到观音菩萨慈悲救世事迹时，深为心动。不到 19 岁，他便往福州鼓山涌泉寺出家，在鼓山岩洞中苦修。8 年后，始云游参学，先从天台华顶山镜清长老习天台教义，继而至普陀山、宁波天童寺、宁波阿育王寺、杭州三天竺、常州天宁寺、镇江金山寺、扬州高旻寺等名山大刹，相继参访融镜、敏曦、天朗、观心、大定、朗辉等禅门尊宿。随后他辗转万里，从陕西终南山、四川峨眉山、拉萨三大寺到印度、锡兰（今斯里兰卡）、缅甸等国的佛教圣地。归国后，他又参访了云南鸡足山、安徽九华山等地。

虚云一生传奇故事甚多，如他曾三步一拜从普陀山一直拜到五台山的故事。另一则故事是清光绪二十一年（1895），56岁的虚云赴扬州高旻寺禅七法会，路上不慎跌入长江，被渔人救起时口鼻流血不止，他仍执意前去参加禅七。然而就在此次禅七法会上，僧人给虚云泡茶冲水时，不小心将开水溅在虚云手上，虚云缩手，茶杯坠地，一声破碎，如闪电掠过，惊醒了刚历生死之劫的他。此时的虚云，疑根顿断，他当即述偈二首，记下这一亲历悟境：

杯子扑落地，响声明沥沥；虚空粉碎也，狂心当下息！

又偈云：

烫着手，打碎杯，家破人亡语难开，春到花香处处秀，山河大地是如来。

开悟后的虚云，十分强调“善保任”，即“勤修勿怠”。他留下了许多富有内涵的禅诗禅偈，其多首牧牛诗偈，即在提示禅修方法次第与保任功夫。虚云不仅一生修行独特，且对禅、净、唯识甚至对《楞严经》也极为熟稔，他对经典的把握信手拈来，已然常态。

虚云的贡献，首推将肇始于百丈怀海的农禅传统发扬光大。1953 年，虚云复兴云居祖庭的同时即成立了“僧伽农场”。一切从开垦荒地开始，“一日不作，一日不食”。“农禅并重”的丛林古规，保持了这一古老素朴传统，且将其作为僧众日常的禅修功课，使其成为重振禅宗道场的重要法宝。“手把青秧插满田，低头便见水中天”，这就是当时的农禅景象。自虚云住持云居山真如寺后，这一禅宗道场就一直被评为“模范丛林”。

虚云再续禅宗五家之法脉：接续沩仰、兼承临济、嗣传曹洞、继兴云门、延护法眼——历历此举，使他成为近现代中国禅宗的代表人物。

二、一诚质直，兼承沩仰

说到现代江西禅宗，一诚长老无法绕过。他享有虚云高足之誉，肩承禅门沩仰、临济等宗。

一诚（1927—2017），本姓周，名云生，法号衍心，又号常妙。他出生于湖南省望城县（今长沙市望城区）的一个农民家庭，不到10岁就随父亲学习石工与建筑技术。十五六岁时即拜师皈依佛教三宝。1949年6月剃度出家，随明心学习经律论，习修仪规，潜心于《金刚经》。1957年在虚云的主持下，他承续沩仰、临济法脉。1985年一诚任云居山真如禅寺方丈，重兴祖庭；不久又着手重建宝峰道场。1994年当选为江西省佛教协会会长，2002年当选为中国佛教协会会长。

描述一诚与虚云的师徒关系，用“日夜依止”四字更胜于“耳濡目染”。

“农禅并重”的云居禅家

20 世纪 80 年代，一诚作为真如禅寺方丈，严持“农禅并重”的《禅约规式》，强调恭俭节用，崇俭戒奢。一诚光大发扬了虚云时期的古朴道风。

一诚一生爱写禅诗、禅偈。他成立江西佛学院，为国内佛学教学先进之举。

三、禅门后学，传承不息

本焕（1907—2012），曾得虚云印可，为临济宗第四十四代传人。年届百龄之际，他提出要重建百丈寺，并指派僧人亲临奉新百丈山考察，为百丈寺的建设做出了重大贡献。

传开（1923—2010），为云门宗第五十一代传人，武宁弥陀寺方丈，是个热心慈善、为江西禅宗建寺立教做出过贡献的人物。

体光（1924—2005），曾追随虚云参禅习定，为中兴青原祖庭、续演百丈禅风做出过贡献。

最后是文人中的禅学精英文廷式。文廷式（1856—1904），字道希，江西萍乡人，是中国近代著名学者与词人，曾致力于维新变法运动。文廷式对经、史、子、集无不涉猎，尤熟悉儒、佛典籍与人物思想。其《文廷式集》含“释典札记”三编：其一为《出三藏记集》摘抄，其二为《宗镜录》札记批语，其三为《华严经》札记批语。其中《宗镜录》札记批语内容最丰富，札记批语约作于其 35 岁至 36 岁，正值壮年的他，思想与学术已渐入成熟期。他曾自述：“读《宗镜录》一百卷竟，作有札记。”这一禅宗文献为其平生所爱并涉猎最多的典籍之一。

后记

要在一本几万字的小书中，容纳江西佛教净土宗与禅宗的全部内容，确实是难以做到的。首先是浩瀚史料的抉择，其次是构架的逻辑分类，最后是凝练出基本特色。是的，要在前两者的基础上将江西净土宗与禅宗的“文化符号”特色凸显出来，实非易事。好在笔者此前就已参与过江西禅宗文化方面的多个项目，并已出版过几本专著，不然，真难以在如此短暂的时间内完成此项任务。

江西美术出版社承担了诸多艰巨的工作，他们付出的种种努力让我深受感动，从社长到编辑，他们与我联系沟通了无数次。尤其是当笔者为难于“学术”与“文化”两端时，他们及时召开会议，对本书写作做了全面而切实到位的指导。

本书的出版，笔者尤其要感谢东林寺住持大安，当他得知我要撰写本书，主动提出在东林寺举办一次座谈会，座谈中大安解答了我提出的诸多问题，并对一些重要历史人物的贡献、时段划分等学术问题，做了许多开示。如此解惑答疑，确使我受益匪浅。

江西师范大学历史系的陈金凤教授与江西省社会科学院哲学所的杨达研究员，对本书内容及写作提出不少修改意见，在此一并致谢。

净土宗与禅宗的丰厚佛教资源，是江西历史中极为珍贵的文化宝库。我相信，凡对这座宝库深切热爱者，必存敬畏之心。而对一个学者来说，他同时又是一个探求者，故笔者还寄望有机会对这座宝库做更为深入的学术史、思想史的开掘。

书稿撰成，笔者仍感有诸多不足与缺陷，还望读者多多指正，以待来日补充完善。

赖功欧
2022 年 10 月

图书在版编目（C I P）数据

佛禅文化 / 赖功欧著 . -- 南昌 : 江西美术出版社 :
江西人民出版社， 2023.3
（江西文化符号丛书）
ISBN 978-7-5480-9297-1

Ⅰ . ①佛… Ⅱ . ①赖… Ⅲ . ①禅宗—宗教文化—江西
Ⅳ . ① B946.5

中国国家版本馆 CIP 数据核字（2023）第 019993 号

出品人　刘　芳
项目统筹　方　姝
责任编辑　邱　婧
数字编辑　陈冬华
责任印制　吴文龙　张维波
书籍设计　梅家强　林思同　先鋒設計
新媒体制作　江西中文传媒数字出版有限公司

江西文化符号丛书
佛 | 禅 | 文 | 化
JIANGXI WENHUA FUHAO CONGSHU
FOCHAN WENHUA

著　者：赖功欧
出　版：江西美术出版社　江西人民出版社
地　址：南昌市子安路 66 号
邮　编：330025
电　话：0791-86566309
网　址：www.jxfinearts.com
经　销：全国新华书店
印　刷：浙江海虹彩色印务有限公司
版　次：2023 年 3 月第 1 版
印　次：2023 年 3 月第 1 次印刷
开　本：710 mm×1000 mm　1 / 16
印　张：12.75
ISBN 978-7-5480-9297-1
定　价：65.00 元